平实课堂

理论与实践研究

庄泳程 刘富凌 / 主编

中国出版集团　现代出版社

图书在版编目（CIP）数据

平实课堂理论与实践研究 / 庄泳程，刘富凌主编
. —北京：现代出版社，2023.9
ISBN 978-7-5231-0462-0

Ⅰ.①平… Ⅱ.①庄… ②刘… Ⅲ.①德育—教学研
究—小学 Ⅳ.①G621

中国国家版本馆CIP数据核字（2023）第142991号

平实课堂理论与实践研究

作　　者	庄泳程　刘富凌	
责任编辑	窦艳秋	
出版发行	现代出版社	
地　　址	北京市安定门外安华里504号	
邮政编码	100011	
电　　话	010-64267325　64245264	
网　　址	www.1980xd.com	
印　　制	北京政采印刷服务有限公司	
开　　本	710mm×1000mm　1/16	
印　　张	10.75	
字　　数	176千字	
版　　次	2023年9月第1版　　2023年9月第1次印刷	
书　　号	ISBN 978-7-5231-0462-0	
定　　价	58.00元	

目录

第一部分　平实理论

第二部分　平实案例

第三部分　平实微课

第一部分

平实理论

平实课堂，让学习真实发生

——以小学语文教学为例

课堂是师生实现知识建构、思维提升、美学熏陶、文化传承的主阵地。课堂教学犹如三餐，同样地日复一日、年复一年，循环往复。三餐维系着人类的物质生命，课堂教学则培养着学生的智慧生命和精神生命。三餐是家常的、朴素的，课堂教学也必然是平实的。

不追求华丽的形式，不追逐潮流的模式，不唯上，不唯新，只唯真，只唯实，让真正的学习在一节又一节的课堂中发生，这样的课堂是平实的。

教材、学生、教师三位一体、有效融合。教师心中有教材、眼里有学生、手里有办法，目标意识强，达成效率高，这样的课堂是平实的。

课堂也许没那么热闹，课件也许没那么精彩，设计也许没太多惊喜，但学生思维的暗流涌动，智慧的火花喷涌，全神贯注，全身心投入，这样的课堂是平实的。

一、什么是平实课堂

从字义上讲。《说文解字》里说："平，语平舒也。""实，富也。"从本义出发，"平"又有"平和、平常、平正、公平"之义，"实"又体现"荣实、满实、诚实"的内涵。由此，平实课堂突出平常而体现常态、突出平和而摒弃浮躁、突出平正而遵循规范、突出公平而放眼全体；追求满实而体现课堂效率、追求荣实而体现教学艺术、追求诚实而体现教育科学。

从内涵上讲，教学必须遵循一定的规范，体现目标意识和策略定位；学生才是学习的主人，让学生会学习、善学习才能使课堂效益最大化；教育是慢的艺术，素养的养成，需持之以恒、有序推进。从这个角度讲，平实课堂，就是遵循学科本真，体现素养要求，用真实的态度、平和的心态，去建构学习课程，建立学科规范，探索基于常态的、可持续性发展的、利于学生学习的有效教学策略，促进每一个学生核心素养全面提升的课堂。

平实的课堂，理念转化成了现实，标准演绎成了行为，教学任务明晰，教学情境真实，突出学习需要，凸显学习效益，对应了教师这个身份最核心的角色特征——引领学生真实有效地学习！

二、为什么要追求平实课堂

（一）缘于课堂的失真

当前的课程改革向纵深发展，育人目标、素养要求、教学手段、评价方式也都有了较为明晰的表达和呈现，然而，作为一线教师来说，理解、吸纳、消化课改理念需要一个过程，纳新未必一定要吐故，需要在旧有经验基础上逐步推进。而各种新观念、新模式、新形式"你方唱罢我登场"的局面，又往往会使一线教师出现"忙、茫、盲"的状态。这就容易使课堂出现为改而改、流于形式的局面。失于真实的课堂，教师个人的教学理解不敢介入，学生个体的学习需求易被屏蔽，教学的情境偏离实际，真实的学习也就无从发生。这也就不难理解，学生每天在学习，可是一个学期下来，仍然有部分学生连基本的课文朗读都达不到标准。

笔者听过一节研讨课，为了突出校本特色，严格限制教师发言时间，强调学生大胆表达与众不同的观点，课堂看似轰轰烈烈、热闹非凡，可是，文本中呈现的母语特征不见了，文本基本的价值观也在所谓"创新"中发生严重偏移，这样的学习，是真学习吗？

（二）缘于课堂的失实

当前学校科研教研出现了喜人的局面，校本课程研究也出现精彩纷呈的态势。但不可忽视的是，一线教师有些研究容易出现与实际脱离的现象，科研教研与教学实践两张皮，"穿新鞋走老路"的现象较为突出。更有甚者，有的教师投入大量精力进行课题研究，课题结题后就"束之高阁"。脱离实际的教学研究，自然服务不了课堂教学。为改而改，不讲实质，无视实际，必然造成课堂的失实。

有一位教师进行文本解读研究，他在解读《扁鹊治病》时，引入了老子的名言"合抱之木，生于毫末；九层之台，起于累土；千里之行，始于足下"，用以帮助、强化学生对"防微杜渐"的理解。这样的解读，可谓贴切。然而，在课堂上，教师却抛弃了自己的解读，完全依着参考书的观点设计教学。笔者对此不解。这位教师解释说，解读固然好，考试却不考，另外担心这样的解读引入课堂，学生理解有难度，课堂不能出彩。这就是典型的教研和实际教学脱节的现象。首先，把课堂教学或者是说把学习目的窄化为考试，这是最狭隘的教学理解；其次，文本解读的研究就是为了服务于教学，担心学生理解有难度，那就应该在设计上多下功夫，同时无惧学生的思维困顿，唯有思维上的起伏和困顿，才能引领学生的学习向更高处漫溯。可见，文本解读研究不是不好，而是这位教师未能立足个人教学问题，去选择合适的研究方向。这就造成了课堂的失实了。

（三）缘于课堂的失效

课堂教学的失真与失实，自然就会造成失效。吕叔湘先生发出的"学生十年时间，2700多课时，用来学本国的语言，却是大多数不过关，岂非咄咄怪事"的批评，至今仍在警醒着我们。换个角度讲，如果每一节课都能像三餐一般，咀嚼健康的食物，吸收均衡的营养，补充生命的能量，即使是微量的吸纳，日久天长，也必能养成更好的身体。同样的，如果每一节课都是科学而规范的，都是学有所获，学生的学科素养也必能不断丰盈。然而，学校层面追求特色的期待、追逐成功的迫切，却往往导致教师出现理念似明非明、目标似清不清、方法似当不当的情况，混混沌沌，似懂非懂，其课堂教学也容易出现摇摆不定的状态。这样又怎能让学生在课堂上有效地学习？而学生自我学习能力不能得到提高，再多的课时学习又有何用呢？"授人以鱼不如授人以渔"就是最朴素的教学之道了。

三、如何建构平实课堂

教育家叶澜先生说："在教育理论和实践之间有一个巨大的裂口，它暗示着对教育问题答案的寻求，就是为了在断裂处架起一座沟通两岸的'桥梁'。"建构平实课堂，就是要搭建这样一座桥梁：一头指向个人理论改造，一头指向实践策略优化，核心则是建立学科规范、划清学科边界。由此，需要溯源明晰育人目标，固本确立素养导向，守正规范教学要求，归真探索有效策略。目标明确、方向有效、边界清晰、操作有法，是建构平实课堂的四大支柱。

（一）溯源

溯源，体现学科的育人目标。课堂教学呈现的目标，是育人目标的具体化，一个一个具体目标的达成，构成了完整的育人目标。然而，在课堂教学目标之上，还有学科目标、教育目标，其中学科目标还有核心素养、课程标准，教育目标还有社会主义核心价值观、立德树人的育人要求。这就要求我们首先要明白本课程在育人体系中的作用和地位，其次在制定课堂教学目标时，时刻把上位目标放在心上，让总体育人目标成为指引具体目标的灯塔。

一位教师在教学三年级教学单元时，把教学目标定位为"在想象中发现大自然的美好"，"想象"是素养目标，"美好"是人文体现，"发现"是实践路径，这样的目标定位就把素养要求和人文目标有效地结合起来，语文不再是干巴巴的工具，课堂有了"美好"的温度，这样的目标定位，方能有效育人，方能培养具有生命温度的人。语文教学就应当在语言之中看到人文、看到文化，用人文、文化的基因滋养儿童的生活，丰盈儿童的生命，"以文化人"方能真正"立德树人"！

（二）固本

固本，体现学科的育人价值。如果说溯源是为了找到学科的灯塔，那么固本就是寻找最科学有效的航程。新的样态下，学习中心、单元整合、深度学习、任务链、关注语言表达和经验积累，体现的都是以核心素养为导向的教学新视域，都是服务于学生核心素养的形成，都是为了"让学科教学真正找到回家的路"。平实课堂的"本"就是课程的核心素养。夯实学生的核心素养当作为课堂最重要的核心。

以小学六年级第一单元为例。本单元以"多彩自然"为主题，以"想开去"为训练要点，安排了《草原》《丁香结》《古诗词三首》《花之歌》四篇课文，习作《变形记》重在训练想象情节，"语文园地"侧重让学生在阅读时学会联想，进一步提示"想开去"的其他途径。结合教材的编排，我们可以对内容体现的核心素养进行系统分析。

核心素养	语言建构与运用	思维发展与提升	审美鉴赏与创造	文化传承与理解
教学目标	从所读内容想开去	想象文中的场景	感受自然美	天人合一的和谐文化
具体策略	1. 把文中文字想象成画面； 2. 结合语境想象画面； 3. 把画面用生动的文字表达出来	1. 想象文字展示的画面； 2. 联想文字背后的情感； 3. 依托文字想象更多画面	1. 体验美； 2. 欣赏美； 3. 评价美； 4. 创新美	1. 继承传统文化； 2. 理解生态文化； 3. 关注并参与生态文化建设

有了基于对素养目标的分析，我们才能更准确地定位单元教学大问题，即怎样在阅读中联系学习经验和生活实际展开联想，真正触摸到文字背后的内核，从而确定学生学习任务链，让课堂更准确地聚焦要点，扎实高效地推进教学。

（三）守正

守正，体现学科的基本规范。教学必须追求科学性和艺术性，而衡量学科教学是否科学有效，必须建立一套有效的规范。用学科规范链接目标和实践，纠正教学的盲动和认识的偏差，建立学科教学的基本准则，明确学科的边界，知道为什么教、教什么、怎么教、教到什么程度，这才是学科课堂的"正路"。真正的名师，课堂之所以那么潇洒酣畅，一方面是经验丰富，同时也是基于教师对学科规范的严格把握，真正做到"随心所欲不逾矩"。

比如阅读教学。阅读一篇文章，底线在哪里呢？阅读文章的底线：一是文章写了什么；二是怎么写的；三是用怎样的语言写。再往高处走，进行综合、评价等高阶思维，如是否可以用不同的语言写，如何评价语言的言外之意等。这就是阅读的本分，用这样的思路引导孩子阅读，并且长年累月坚持下来，必能提高学生的核心素养。

从平实课堂常态性、有效性的特点出发，教学中要做到以下三点：一是重视课堂的获得感，让学生在每一节课都学有所获；二是重视学习习惯培养，让学生获得自主学习的隐形翅膀；三是重视核心技能训练。语文就是语言输入和输出的过程，要训练学生听得进去、提炼得出来的能力，训练学生想得清楚、说得明白的能力，训练学生生动表达自己观点的能力。这些基本功在经年累月的训练中，必能如血液一般流淌在语文素养的肢体，真正让能力转化为素养。

（四）归真

归真，体现教学的策略路径。真实的课堂，知识要回归平实，课堂要体现常态，实践要突出常识。让大千世界成为学生学习语文的教科书，用儿童的视角、语文的方式，去演绎和归纳对世界的理解。如何体现教学的"真"，并能高效率地引领学生有效学习？比如阅读教学，可以从以下6个方面入手：①要追求较深刻的文本解读，并能够深入浅出地呈现；②追求较深层的教学设计，能够从内容、知识、方法、形式向素养转化；③追求较深厚的言语习得，把全体学生投入知识的海洋；④追求较深切的情感体验，让听说降下来，阅读提上去，把笔练挤进去；⑤追求较深入的思维训练，少演绎多归纳，多实证推理、批判发现；⑥追求较深远的文化内涵，埋下民族文化、多元文化的基因。

四、平实课堂基本原则

（一）生本原则

以学生为本，遵循儿童视角、儿童课程、儿童实践的基本原则。生本教育讲究"根"加"空"。"根"表现为课程，"空"体现在实践。从关注教师教什么、学生学什么，转化为关注学生学到了什么、学会了什么。学生才是学习的主体。教师不是纤夫，而应该是牧者，把孩子带往水草丰美的知识草原。教师要做的是给学生提供优质的课程。

（二）学理原则

这个"理"是科学、是规范，更是艺术。"理"之本义在于玉器内部纹路，引申为事物内部本身的规律。真实有效的学习，就是要善于发现学习的规律，从学习理论、学习原理和学习心理中去探究利于学生有效学习的方法和策略。

（三）实践性原则

语文是一门学习语言文字运用的综合性、实践性课程。语文能力是在一系列实践活动中形成的。平实课堂要把实践放在重要位置，基于学习实践、服务学习实践，用任务驱动的方式，通过设计任务群，让学生在实践中建构与运用语言。

（四）有效性原则

让学生的学习真实、有效地发生，真正体现以学生为主体、以学习为核心、以会学为标志的学科追求。重视学生的课堂获得感，因材施教，让每个孩子都能在自己的学习中学有所获，获得学习的信心，交给孩子一双会自主学习的隐形翅膀，养成良好的学语言、用语言的好习惯。

（五）发展性原则

平实课堂要重视可持续性，制定的目标要规范适宜，建立的模式要简易可操作，提供的案例要具有普遍意义，不同年段的教学要求要体现螺旋推进式变化，这样才能有效地促进学生的素养不断提升。

（深圳市坪山实验学校　庄泳程）

"五感"彰显平实本色

——浅述平实课堂五大特征

在"乱花渐欲迷人眼"的语文教学改革浪潮中，被裹挟前进的一线教师热切呼吁一种本真教学理念的诞生，平实课堂应运而生。平实课堂即遵循学科本真，体现素养要求，用真实的态度、平和的心态，去建构学习课程、建立学科规范，探索基于常态的、可持续性发展的、利于学生学习的有效教学策略，促进每一个学生核心素养全面提升的课堂。平实课堂突出平常而体现常态、突出平和而摒弃浮躁、突出平正而遵循规范、突出公平而放眼全体；追求满实而体现课堂效率、追求荣实而体现教学艺术、追求诚实而体现教育科学。

平实课堂的构建摒弃了当前课堂中普遍存在的"失真""失实""失效"等教学问题，切实帮助教师拨开层层迷雾，使其在教学中身轻如燕，重新回到学生生命发展和文本建构的教学原点。同时，有利于学生语文核心素养的逐步提升，让每一个生命个体的成长得以真正尊重，在学习中实实在在地体验生命幸福的拔节生长。最后，也将更易于打造常态化、高效化、真实化的语文课堂。

要想在课堂上落实平实特色，让教学更为高效，让学习真实发生，就要精准把握平实课堂的五大特征。

一、明确的评价标准：让学习有明晰的方向感

评价标准是课堂教学中不可或缺的重要一环。但在不少课堂中，评价标准常常如鲜少抛头露面的深闺女子，仅是隐匿于教师的胸壑之中，具有明显的主观感知性、模糊性、滞后性，并且评价主体多以教师为主，过于单一，不利于

创设教与学共荣共生的课堂环境。

基于此，平实课堂制定了明晰的评价标准，其具有客观科学性、明确性、适时性的特点。评价标准真真切切成为教师牢牢握在手中把控教学效果的方向盘和船舵，可以带领学生在学习之旅中或疾走游览或慢走停靠去欣赏文字的魅力，触摸语言的温度，聆听字里行间的细微声响。更为重要的是，平实课堂的评价标准以学生发展的角度来制定，成为让学生能够自主把握自身学习水平的指挥棒和导航仪，落实以学生为主体的课堂理念，充分发挥学生课堂主人翁的作用，引导学生主动参与到课堂评价中来，激活其学习内驱力，开展自我评价，建立评价主体的多元化。

评价标准对于学习的重要作用不言而喻，那又该如何制定行之有效的标准呢?

首先，立足学生视角，确定评价维度。学生是评价的对象和主体，明确评价标准的设计是为学生的智慧生长而服务的，要蹲下身子以学生的平行视角去设定。同时，根据学生的年龄和学段特点及需达成的学科核心素养要求设置评价标准的不同维度，体现标准的广度，以使学生的核心素养得以全面提升为落脚点。

例如，学习五年级上册第六单元《父爱之舟》一文:小学生理解父爱、触摸父亲的温度、解读父爱的内涵是有一定难度的。尤其是吴冠中笔下的父亲，贫苦的生活情境、望子成龙的期待、既当爹又当妈的劳苦，这样的形象，与学生的生活和既有认知，是有较大的落差的。这就造成了学生在理解语言文字、还原生活画面、抵达父亲内心的过程中，有巨大的思维缺口。为此，制定以下阅读评价表。

★	★★	★★★	★★★★	★★★★★
我能正确地读	我知道写了什么	我知道是怎么写的	我知道好在哪里	我还能继续写

凭借阅读能力评价表引导学生在学习时打通情感缺口，通过搭建一座座连接文本与生活认知的桥梁，让思维的笔触穿越语言文字，生成独有的情感体验，并在场景的品读、想象、拓展中去夯实父亲的形象，从而深刻理解父爱之舟的内涵。

再如，三年级上册第三单元《在牛肚子里旅行》是一篇科学童话，科学的理与童话的趣相互交织，阅读中享受童趣之时，还懂得牛反刍的科学小知识。

在表达上独具特色，两位主人公形象刻画得丰富而生动，故事跌宕起伏，让人深感友谊的可贵，是学生喜闻乐读的篇章。结合学情及文本特点，制定出阅读能力评价表，使评价维度一目了然，架设童话与科学之桥，带领学生在朗读、品读、想象中体悟语言的情绪，领悟童趣和理趣，逐渐丰富学生的阅读体验，构建高效平实课堂。

其次，立足评价维度，凸显思维梯度。教材、学生、教师三位一体，教材是教与学的媒介，是承载着教师所教和学生所学的知识之船。对于阅读教学来说，文本尤其是重中之重。制定评价标准时，应该充分考虑挖掘文本信息，使文本材料的价值得以最大限度发挥。课堂学习是由浅入深、由表及里的过程，评价标准应立足于评价维度，呈现出梯度层次性，环环相扣之间，导向着学生的思维在不断思考和碰撞中实现逐步进阶。

比如戴桂英老师教授的四年级下册第二单元《琥珀》一课，为了达成"我知道写了什么"这一评价维度目标，设置了梯度性的思维教学。梳理整篇文章内容后，让学生拥有整体感知。在此基础上，通过进一步追问，引导学生发现各部分之间的逻辑关系，即琥珀的样子和发现过程为已知条件，琥珀的形成过程为未知问题，其可具体再分为形成条件和形成阶段，明确这一环节的学习目标是由两大已知条件推测出琥珀的形成过程：第一步，从抓住描写琥珀样子的关键词语入手，获取已知信息；第二步，借助课后阅读链接解决琥珀形成阶段这一问题；第三步，寻找时间词语，利用时间轴形象化展现琥珀的形成过程；第四步，借助时间轴，角色模拟来介绍琥珀的形成过程；第五步，对比发现所讲述的形成过程与课后阅读链接表述之间的异同点。由此，在一个评价维度上，需要体现出思维的梯度性，从而引领着学生的思维实现层层攀升。

最后，立足思维梯度，指向言语实践。语言建构与运用是语文学科的核心素养之一，课堂是实现由读到写的重要渠道，阅读指向语言实践，而课堂评价也是如此。在思维逐步攀登的过程中，通过随文仿写、书写感悟、续写补写等多样练笔形式，检测学生是否达成语言运用的学习目标，实现对课堂教学效果的有效评价。

例如，六年级第二单元习作《多彩的活动》，学生跟随写作能力评价表的导航，克服写作产生的畏难情绪，达到自主地跨越写作障碍，实现写作思路的主动构建和情意的积极发展，创写出佳作美篇。

写作能力评价表

★	★★	★★★	★★★★	★★★★★
我知道习作要求	我会选择典型材料	我知道怎样谋篇布局	我知道如何评价	我能继续修改

　　评价是课堂教学必不可少的一个重要环节，重视学生的课堂评价，有助于提升学生的学习效能感，激励学生进一步学习新知识。例如，学习《真理诞生于一百个问号之后》一文时，选做学习任务为尝试用具体事例的方法论述观点。本文的文体是议论文，议论文写作对学生而言未接触过且难度大。因此，教学时明确了议论文的写作方法，减少学生动笔的恐惧心理，让学生写作时有法可依。同时，在提炼写作方法之后，开展课堂练笔的环节，使写法得以巩固和加强：第一，以某一个指定观点为例，在师生谈话中，通过教师不断评价，调动学生的生活经验积累，并不断渗透巩固写作方法，让学生对写法有进一步的理解，也为学生自我评价和生生评价做了示范；第二，小组选定任一观点，促使学生在组内讨论中激活事例储备，组内根据课堂练笔评价表选择典型相关事例，为动笔写作做好准备；第三，协作分工后，学生动笔写作，在巡视中，了解学生的写作情况，结合评价表进行个别指导；第四，练笔完成后，小组依据课堂练笔评价表的内容，组员进行自我评价和组内评价，再根据评价反馈进行内容修改；第五，班级各小组进行课堂展示，其他组同学认真倾听，对照评价表进行评价，评选出"最佳小组"。评价主体多样化，评价方式多元化，评价内容明确化，评价层次多维化，使课堂练笔效果达到最优。练笔和评价兼而有之，从多层次评价中实现学生在议论文表达能力方面的切实提升。

课堂练笔评价表

评价内容	评价等级 ★★★★
事例能否证明观点	
事例表述清晰有序	
事例是否过渡自然连贯	
是否选用多个事例论证观点	

　　需要注意的是，制定评价标准时，应注意综合学情、课型等因素灵活调整维度和梯度，不要一味照搬、模式化操作。除此之外，广度和深度要兼顾，维

度和梯度要共存，两者相互融合，切忌线性化或割裂式。

二、可感的课堂收获：让学习有切实的获得感

平实课堂遵循简约、朴素之风，但依然体现有效、高效的课堂效益。平实课堂不仅是面对全体学生，让不论处于何种学习水平的学生都能够享受获得的快乐，学有所获；而且着力于学生学科核心素养的全面提升，使学生领略自己生命的成长。平实"内潜"于课堂之中，让学生体验到"内外兼修"的幸福之感，"外"长认识、见识、学识，"内"增思考、思维、思想及志趣、志向、意志。平实"外延"至课堂之外，学生可以依仗课堂的例子持续、持久地吮吸养分向上生长。

学生在平实课堂的收获是可感知的，其所得可以通过"集美树""思维树"的方式来体现。余映潮老师认为：课堂集美，是以语言学习为重头戏，含英咀华，将课文中美好的、精华的语言材料集聚起来，精心设计有序的语言品析与积累活动，在活动中让学生得到审美教育、语言教育、学习技能教育及思维训练。在集美的过程中，教师指导学生在研读、品味、探求、欣赏之中寻找文本写得恰切生动形象、给人以强烈的美感、给人有力的感染、给人生动启迪的好语言、好笔法、好画面、好形式等内容，训练学生的发现能力与欣赏能力，在阅读欣赏之中获得美的享受。

在学习《海滨小城》一文时，教师借助文字之力，以不同形式指导学生朗读文本，在反复品读中，引领学生发现"金黄、棕、蓝、银白、灰"等表示颜色的词语来感受海滨小城的色彩美，寻找到"来来往往的帆船和军舰、飞翔的海鸥"等关键信息体会这座小城的动态美，以及品读词语寻味小城的气味美、声音美、和谐美等。学生在美点寻踪之时，也得以欣赏语言之美妙，集聚文字之美好。

再如《肥皂泡》教学片段：

"同学们知道什么样的光叫作'浮光'吗？哦，飘浮的光，轻轻的光，隐隐约约的光。说得真仔细。这光如此轻盈、如此朦胧，再加上五彩的颜色，再加上乱动的姿态，简直就是一个小精灵，跳跃着，闪动着，神奇又梦幻。让我们美美地读，读出美丽、读出神奇。"

"随着肥皂泡的变化，这'光影'也显得极不规则，忽明——忽暗、忽

高——忽低、忽大——忽小、忽而圆——忽而扁。而我们的内心也随着肥皂泡的变化而悬了起来，这心啊，忽而上——忽而下，忽而快——忽而慢，忽而紧张——忽而放松，让我们带着这种'悬心'的感觉，齐读这个句子，读出光影之美、变化之美。"

授课时，创设丰富多彩的情境，渗透多样学习方法。例如，通过想象画面理解"五色的浮光"与"轻清透明"，给"娇"组词理解"玲珑娇软"，联系生活实际理解"颤巍巍"的含义等，不断激发学生思维的进一步发展。在声情并茂的朗读中引导学生真正走进文本、与文本合二为一。学生在美美的情感氛围中读出了童年吹泡泡时的风和日丽，再现了人物形象的至善至美，感悟出思想感情之精美绝伦，同时也丰富了自己"美美与共"的情感体验。

三、清晰的课堂逻辑：让学习有可循的思路感

人们常说，数学清清楚楚一条线，语文模模糊糊一大片。语文课堂中看似眉毛胡子都可以抓，但又仿佛什么都没有抓到。一节高效的语文课堂到底应该讲什么、如何讲，有相当一部分教师是缺乏清晰的认识的，在教学中面面俱到，践行着"脚踩西瓜皮——滑到哪儿算哪儿"的谬误思想，长此以往，这样的课堂必定导致学生多是形成直线的、单向的、单维的线性思维，不利于学生非线性思维的发展。这就要求我们要重视课堂的逻辑，追求课堂的"眉清目秀"，思维训练由浅入深、课堂推进浅入深出、情感体验由形象到抽象，形成洗眉刷目的课堂逻辑。

比如《狼牙山五壮士》，教学时将思路确定为"引壮—品壮—悟壮"三个板块。设计行走路线为"打—走—砸—跳"，沿着时间线的不断推进，让学生把握何为"壮士"。学生在文本中继续徘徊体悟壮士的气概，路线为横，细品为纵，围绕教学目标构成一个完整的"圆"。

再如于永正老师教学《林冲棒打洪教头》，以"入文—悟象—立意"清晰的教学设计引领学生在阅读中与语言文字熟络起来，进而聚焦重点段落、关键词句，凝聚文本之象——让，最后紧扣关键词回味"让"之深意，由此把文、意、象高度统一于学生心中。

还如王崧舟老师教授《长相思》一课时，以"身在何处、心在哪里"两个提纲挈领的问题激活学生的思维，让学生迫不及待走进诗词中去品读、去感悟

词人浓浓的思乡之心。

又如学习《祖父的园子》一文时，采用"两只眼睛"看园子。首先指导学生以儿童的眼睛看园子，借助浅显、形象的文本语言，读出园子的自由、生机和快乐。再带领学生用成人的眼睛看园子，拓展萧红坎坷的人生经历，在幸福无虑的童年生活与悲惨暗淡的人生轨迹之间形成巨大的落差和冲突，读出祖父的园子于萧红而言更是心灵的家园。

以上课例的教学思路均清晰明了，课堂逻辑眉清目朗，还体现出了"圆融、境界、顺势、相得"的教学智慧。在这样独茧抽丝的课堂学习中，学生不仅获得了知识的增长，思维节点也得以生发、生长。

四、内外共生的言语质感：让学习有鲜明的语言感

《说文解字》："语，论也。从言吾声。"语文课堂"语言"当头，语言不是冰冷空洞的字符，而是有声有色、内涵丰富的；语言也不是干巴巴的骨架，而是有血有肉、独具质感的；语言更不是毫无波澜的死水，而是有动有静、风景宜人的。教师要做的就是通过创设语文情境，让学生在文本之中流连忘返，享受语言文字的情趣，领悟力透纸背的情怀。学生在一遍遍的阅读中不仅能聆听弦外之音、观赏五颜六色，还能触摸文字体温、同步悲喜情绪，也能呼吸香飘之气、品尝杂陈五味，就这样，学生闲庭信步于字里行间，以语言的生命活力激荡思维的涟漪。

何为内外共生的言语质感？内生是一种潜心涵泳、意象领悟，潜沉至文本深处，触摸语言的肌理，领略文字背后深刻的意蕴；外生是一种语言表达，凭借独特的语言感悟和情感体验，实现外化表达的提升。内外共生的言语质感即通过内部领悟和输出表达，去呈现语言的质感。如何让学生的语言达成内外共生呢？

比如《自己的花是让别人看的》教学片段：

原文：走过任何一条街，抬头向上看，家家户户的窗子前都是花团锦簇、姹紫嫣红。许多窗子连接在一起，汇成了一个花的海洋，让我们看的人如入山阴道上，应接不暇。

师：城市的美景都聚集在季老的片言只语中。（出示句子，读）这段文字在你脑海中是否形成了一幅画面？（学生交流）

师：这一幅幅画又变成文字中的哪一个词、哪一个字？

生：花团锦簇、姹紫嫣红。

师：从这八个字中，你看到的又是什么？锦簇说明花很多，姹紫嫣红说明花的美，请展开想象的翅膀，说说你看到的景象。

生：……

师：透过画面，我们读文字；透过文字，我们想象画面。在画面与文字间穿梭，我们充分感受到花之多、花之美。

品读文本时，把一个个文字聚焦为一幅幅画，再由一幅幅画面凝练成一个个文字，继而搭乘想象的翅膀，把一个个文字延展成一幅幅想象的画面。在这样的阅读中，学生并不是仅在文字表面停驻，而是在画面与文字间不停游走漫步，深潜于行间字里，触及语言内核，语言体验愈加丰富，语言质感也变得深厚起来。

五、由浅而深的思维呈现：让学习有递进的阶梯感

语文教学中，思维和语言唇齿相依、息息相关。缺乏思维辅助的语言杂乱无章，脱离语言的思维好似空中楼阁。平实课堂致力于促进学生的思维由浅入深地发展，这需要立足于语言。课堂中，学生对于语言文字的品味要借助思维的参与才能富有生命力，而学生的思维需要不断引导才能落足于语言文字上。可见，语言是思维的外在呈现。若想聆听到学生精妙的语言，需要给学生搭建思维成长的支架。同时，思维是语言的内在动力。要想培养学生的思维发展，教师就要在教学实践中重视引导学生咀嚼语言文字的味道。只有随着学生思维的逐渐深入，其语言才能得以不断升华。反过来，学生的语言在教师的点拨中变得有韵、有味，恰恰是其思维步步登升的显现。

比如《圆明园的毁灭》教学片段：

师：漫步园内，你仿佛看到了什么？

生：宫殿上那金碧辉煌留下了时光的痕迹，显示了皇帝的尊严；雪白的云在蔚蓝的天空中飘来，蓝天下，金色琉璃瓦闪闪发光，"十二生肖"在水池中喷出了弧形的水柱……

师：请你凝视这些精致的字眼：平湖秋月、雷峰夕照、蓬莱瑶台、武陵春色，湖与月、夕阳和雷峰塔、仙境蓬莱的瑶台、武陵山春天的色彩，这又是一

幅怎样的画面，请选择其中一处景点，展开你丰富的想象，细致地描述一下。

生：月光下，湖水荡漾，湖映月，月照湖，诗意盎然；晚霞中，高耸的雷峰塔投上一抹艳红，与半江瑟瑟半江红的西湖遥相呼应，蔚为壮观；蓬莱瑶台在云端里若隐若现，仿佛人间仙境……

……

师：这一切劫难，给你留下了什么？（学生交流）

师：（出示雨果关于"圆明园毁灭"的一段文字）读完这段话，你有什么疑问？

圆明园的毁灭之所以让人扼腕叹息，就在于其之前存在的美好，在于其无可替代的艺术价值，在于其众多不可追回的艺术瑰宝。越是美的东西，破碎时越令人心痛。学生沉浸于语言文字中，品读领略着圆明园遗失的辉煌，正当他们叹为观止之际，急速转换课堂的方向盘，在巨大反差对比中深感圆明园毁灭的痛惜。学生在课堂中踏着轻盈灵活的步伐，但每一步都踏得掷地有声，思维也随之扶摇直上。

综上所述，平实课堂具有明确的评价标准、可感的课堂收获、清晰的课堂逻辑、内外共生的言语质感、由浅而深的思维呈现，即具有方向感、获得感、思路感、语感、阶梯感的课堂，才是让学习真实发生的课堂，才能真正彰显平实本色，真切落实平实特色。

（深圳市坪山实验学校　叶会利）

平实课堂　实在的课堂

随着课改的不断深入，教育教学的天地各种奇花异草竞相开放，纵观我们的语文课堂，也渐渐变得喧闹和浮华。如何让语文课堂回归平实，成了必然的话题。

什么是"平实"？"平"，如涓涓细流，可以流经高山，也可以淌过平原，可以从春走向冬，可以没有奔流慷慨的激情，可以没有灿若星辰的绚烂，但必须长久，"平"是一种持之以恒；"实"是实在，是高效，其指向实现教学目标的方法。"平实"即平稳扎实。生于浮躁却立足踏实，长于繁华而显以朴实，起于高位却归之平实。

一、平实，是抛去表演作秀后的朴实

什么是语文课堂，我们没办法给出一个标准的答案，语文因其不唯一性而独具魅力，但是有些语文课堂为了上出与众不同的新意，偏离了新课改的初衷，流失了语文课堂的本真。

（一）提前上课

某些学校，有时为了突围，将别人优秀的教学模式、教学形式搬到自己的学校来，让教师套用这样的模式上课，且为了更快收到效果，逼着赶进度。有些教师为了应付交差，只能依葫芦画瓢，形似而神不似。更有甚者，为了省事直接出效果，将课先上一遍，等观课的教师来了，直接把上过的课师生再配合演一遍。这样的事情虽然不多，但是只要有一次，便是误了学生，伤了教师，严重脱离了课堂的本真。

（二）花架子多

当众多的教学模式百花齐放时，就容易"乱花渐欲迷人眼"。初入教坛的年轻老师，一会儿学习"小组合作"，一会儿又是"翻转课堂"，后来"对分课堂""智慧课堂"都来了，面对如此多的选择，有些老师看花了眼，还没看明白就着急往自己课堂中搬，导致出现很多华而不实、为演而演的情况。比如某老师用《狐狸分奶酪》这一课上一节小组合作的课，"请你在课文中分别用＿＿和～～画出小熊和狐狸的动作"，教师提出问题后，孩子们在下面自己圈画，然后教师就下去巡视。可能在巡视的过程中发现，这个问题有部分孩子没办法完成，于是教师这时候就让孩子们开始小组讨论、合作学习。合作是为了探究个人能力没法解决的问题，在我看来，对于部分没法完成的孩子，他们主要是对"动作"这个词不理解，而非这个学习任务对他们来说需要思维的碰撞，发挥集体的智慧才能完成。这样的合作纯粹是为了附和主题而进行的形式上的合作。类似的还有一些课堂上的表演，语文的课堂更多的是语言的碰撞产生的思维火花，在一些公开课上，有时候为了让课堂气氛看起来不会冷清，硬是将"读一读"变成"演一演"，而学生在没有琢磨语言的基础上，变成了动作片，空有热闹，丧失了语文语言表达应有的魅力。

平实的课堂，不需要频频的掌声，需要的是琅琅的读书声，响亮的回答声；平实的课堂，不需要各种各样的假模式，需要的是揣摩基础上的真演绎，是头正肩平一笔一画的落笔写；平实的课堂，不需要玩出概念和噱头，需要的是扎实的语言训练和真实的智慧碰撞。

二、平实，是坚守语文之本的扎实

（一）"读"应是语文学习的基石

语文的学习，从"读"开始。小学语文新课程标准总目标第七条对于小学阶段培养学生"读"这一素养有这样的要求：具有独立阅读的能力，学会运用多种阅读方法。有较为丰富的积累和良好的语感，注重情感体验，发展感受和理解能力。能阅读日常的书报杂志，能初步鉴赏文学作品，丰富自己的精神世界。

读是语文之本，基本一切的语文学习都起始于读。没有读，语文的学习就无从谈起；没有读的语文课堂，好比将大厦盖于流沙之上。语文的课堂，应当充分地读，可以大声地朗读，可以轻声地试读，可以思考着默读。

读在语文中如此重要，以至于曾有人提倡每节课必须留有5～10分钟的朗读时间或阅读时间，并以此来作为评价一节课好坏的必要因素。阅读（在这里专指不出声地读）是快速摄取信息的途径，是思维碰撞、文采飞扬、引经据典的基础，因此，平实的课堂，应给阅读留有一席之地，给学生留有自主思考的时间。

（二）"说"应贯穿语文学习的过程

随着社会的发展，表达能力的重要性日益凸显。一个人说话是否明确简洁或生动形象、有感染力，关系着他与人交往的效果。平实的语文课堂，在充分读的基础上，要训练学生的口头表达能力，让学生既能一语中的地概括，又能文采飞扬地渲染。

说，不仅仅是张开嘴巴说出我们熟悉的字，更是要根据不同的场合说出合适的话，请求别人的时候应当怎么说才能得到别人的帮助，跟别人商量的时候要如何措辞才能将事情办妥，这都需要讲究语言的艺术，这是我们课堂上的"说"，是口头的表达，是口语交际。语文的课堂应当利用好教材中的每一个情境，让学生充分地说，引领学生艺术地说。

说，是思维的外化，是智慧的外显，是所思所想的外在的呈现。每一次语文课堂的交流是口头表达的演练场，每一次意见的表达都是思维的碰撞。语文的课堂，应创造出激发学生表达欲望的机会，让学生将阅读的感受尽情地表达，要学生在生生交流、师生交流的过程中越说越明白、越说越准确，在碰撞中练就妙语连珠的本领。

（三）"写"体现语文学习的落实

"光说不练假把式"，虽说此话用在语文学习上不十分恰当，但也说明了"练"在语文学习中的重要性，这"练"在很多时候要落实到"写"当中去。新课标要求字词的学习，不仅会认会读，还要能写，"能熟练地用硬笔书写正楷字的基础上，学写规范字、通行的行楷字，提高书写的速度"。教学目标的达成，必须落实在课堂上，我们有时候观课，教师"花招百出"，课堂热闹纷呈，但是却没有动笔头的时候。研究证明，"写"的过程是学生思维集中度最高的过程，也是学生自主性体现最明显的时候，我们提倡将课堂还给学生已经有一段时间了，但是依旧不能留给学生充分的"写"的时间。

字的书写需要落实，表达同样需要"写"来落实。低年级的孩子大部分能表达，但是如果要他们将说话的内容变成书面的文字，他们就开始犯难，如何将孩子浅层的一次性的思考转化为深一层次的写的反复的思考，就需要在课堂上指导落实，让学生能将口中言变成文字，经过思考修改后，形成更为规范的表达，进而也促进口头表达的规范。

三、平实，是指向核心素养的高效

平实的语文课堂，是褪尽浮华、平稳扎实的课堂，更是指向培养学生语文核心素养的实在高效的课堂。

实现语文课堂的高效，必须优化朗读教学。朗读教学应体现层次，可根据教学的需要将初读、精读和回顾读结合起来开展朗读教学，以读促学，以读促思，以读促悟，让充分的多层次的朗读为交流和表达做铺垫。

实现语文课堂的高效，一定要重视课堂问题的设计，让学生有话可说，且说到点上。课堂上，问题引领学生思考，问题推进环节，但不能连珠炮式地碎问，一个好的问题就如一条线索，能将课堂的环节串联起来。比如在六年级课文《最后一头战象》这一篇长文中，怎样才能让学生关注重点，提高学习效率呢，笔者在研读文本时发现文中有"大象是一种很有灵性的动物"这样一句话，于是便提出了一个提纲挈领的问题"找出文中体现出大象的灵性的描写，并说说你的理由"，于是整节课围绕这个问题，或读，或说，或写。

实现语文课堂的高效，要让写更有层次。教材中的每一篇课文都是写作的最佳素材，课文中一个个精彩的片段，一个个精巧的结构，除了要读、要悟，更要落实到写当中。片段仿写是训练学生书面表达的一个简单易行的方法，让学生在日复一日的仿写中不自觉地提升自己的写作水平。结构仿写是帮助学生在写作中理顺写作思维的一个高效的方式，让学生的文章层次分明、环环相扣。

平实的语文课堂需要扎扎实实的教法、扎扎实实的学法、扎扎实实的活动、扎扎实实的课堂效果，需要把高深的理论运用成平实的课堂实践，用平实的课堂实践提升学生的语文核心素养，将听、说、读、写扎扎实实地落实到课堂的每个环节，真真正正地提升教学质量。

（深圳市坪山实验学校　郑云霞）

咬"文"嚼"化"，探寻语文教学规律

"文化"二字，从字义来说，揭示了语文教育的教学内容和教学方法，"文"为内容，"化"为方法。咀嚼"文""化"二字，能窥见语文教学内在规律，利于更好地展开教学。

"文"的本义即指各色交错的纹理。在此基础上可引申出三个寓意。其一，它包括语言文字内（如汉字即由线条交错的纹理所构成）的各种象征符号，进而具体化为文物典籍、礼乐制度。其二，据《尚书》："经纬天地曰文"，天之经纬，即天体日月运行的天道自然规律为天文；地之经纬，即地上人间社会的文明礼仪、人伦秩序及历史的发展规律即人文。其三，在前两层意义之上，导出真、善、美的统一。三个寓意，分别对应汉字的造字规律、汉语言的表达规律、汉文化的精神内涵，恰是语文课程最重要的教学内容。立足于"文"，能较为轻盈地打开汉语言密码的一道道门。

一、探寻汉字的密码，让孩子亲近汉字

"文"之第一要义，揭示了汉字是由线条交错的纹理构成的重要特性。这提醒我们，探寻汉字密码，要从内部线条着手。仓颉造字，虽是神话传说，其故事原型必然也是惊天地、泣鬼神。"一横长河坦荡，一竖大漠孤烟。左撇淋漓酣畅，右捺源远流长。口里含一点就升起了红日，大字落一行就托起了天下。"（《中国字》歌词）汉字，多么神奇，多么瑰丽。汉字教学，作为孩子走入汉文化的第一道窗口，犹如母乳之于出生的婴儿一般，是那样的纯正而富有营养。

首先，要有保育意识。汉字教学，必须珍视汉字作为汉文化母体之源的重要特征。枯燥与生硬的认、读、写显然是不够的，只有顺应汉字的内部造字规

律，尊重一横一竖、一撇一捺之间的和谐意境，方能让孩子窥视汉字之美、探知汉字之奥妙，最终亲近汉字。

其次，重视字形的教学。汉字教学重在音、形、义，字形无疑是核心。要让孩子像拆零件一样探究汉字，才有可能激发孩子学习汉字的兴趣。如果字形不能进入儿童的视野，那么识字教学必然会失败。一位教师在上《瀑布》时，为了让孩子感悟瀑布的形声美，紧紧抓住"叠叠的浪"中的"叠"这个生字，借助课件把"叠"上的三个"又"分三次一个一个呈现，涌来一个浪出现一个"又"，每一次配以海浪的声音，"哗——哗——"，教师加以语言渲染情境——"一层赶着一层，一层赶着一层，连续不断，这就是叠叠的浪"，不仅形象展示了瀑布的声音，还生动诠释了"叠"字在这个过程中的汉字构字结构图。此时再用"叠"字组词，孩子组了许多：叠被子、叠罗汉、重重叠叠、叠纸鹤……这样孩子对字形到字义就有了深刻的体会和感知。

最后，要有儿童意识。对于汉字教学，无论是何种流派，无论思考的是多是少，最终必然要化成儿童的学习，用儿童的方式去实践。或许，教学中文化自觉的缺失最初的源头就是儿童文化自觉的缺失吧。"传递、讲解、巩固"的常态教学或可稍微让步，"出发、交流、分享"的教学或许更能做到心中有"生"吧。

二、探寻汉语言表情达意的规律，提升孩子语言文字运用能力

阅读教学，作为最重要的语文课程，一定要遵循语言文字在表情达意上的规律，专注于让孩子走进字里行间，方能最终提升孩子语言文字运用能力。

首先，重视思维参与。语言和思维诚然是一体的。语文思维是思维主体在运用汉语进行认识与表达、审美与创造、鉴别与吸收的思维活动中，借助于形象对语文对象展开的概括和间接的认识过程。例如，语文直觉思维是一种以"悟"为核心的多形态的直觉认识活动，其形态和特点主要有：领悟——领略事物而有所体会；顿悟——突然或立刻悟出什么来；感悟——对事物有所感触而产生的领悟；觉悟——由迷惑而明白；醒悟——在意识上由模糊而转向清楚，由错误而转向正确。悟的多元性，实质就是思维的多元性，悟的层次揭示了思维的层次，悟的结果是思维的结果……这些多元、层次、结果不仅是语文直觉思维的一种形式，同时还涵盖着思维的内容和价值，充分体现了语文的本

质特征。悟是语文之道，也是思维之道，当二者有机结合，语文思维之道便得以和畅通达。由此，语文教学必须紧紧抓住语言这根弦，让语言撩拨思维，连接生活；让思维的发散和深入扎根文本，聚焦文字，借由课堂上对语言的感悟、理解和积累，内化对语言文字的运用能力，提升语文素养。一位教师教学《圆明园的毁灭》，让孩子凝视文本中"平湖秋月、雷峰夕照、蓬莱瑶台"等关键字眼展开想象，孩子的想象更真实而灵动：月光下，湖水荡漾，湖映月，月照湖，诗意盎然；晚霞中，高耸的雷峰塔投上一抹艳红，与半江瑟瑟半江红的西湖遥相辉映，蔚为壮观……可见，语言是帆，思维是船，重视思维的参与，语言才能鲜活在学生内心绽放。

其次，要有文体意识。文体就是文章的体裁，体现文章在结构形式和语言表达上的具体样式和类别。不同的文体，其表达特征诚然是不同的。童话富于想象，寓于拟人、夸张、象征等手法；神话语言夸张、通俗易懂，重在褒贬人物及其精神，探索民族文化心理；儿童诗注重情趣、想象、诗意构思、天真表达；小说以塑造人物形象为中心，反映宽广的社会生活……这些都应成为教学思考的落脚点、着力点。比如古诗，韵律和谐，意象鲜明，教学时当以吟诵为主，重视意象的生成；寓言则寓意于言，富于夸张和讽刺，教学时当感受形象，培养思维，揭示寓意。说明文为应用文体，自当得法于课内、用法于课外。《狼和小羊》本为寓言，若是想当然地让孩子编造一个美好的结局，无疑就成了童话，偏离了文本的价值所在。这就是无视文体特征的结果了。

最后，关注表达手法。汉语言表达的丰富性，一个重要表现就是各种手法的运用。赋、比、兴的充分运用，使一部《诗经》以其生动的形象和强烈的感染力，流传千古。教语文，始终绕不开文章之道、表达之法。比喻、拟人、夸张、排比、反问、伏笔等修辞手法，需要教学中以理性的态度审视并付诸教学实践。理性才是智慧之花，语文素养的获得需要言语智慧技能的储备，最终实现感性和理性的相得益彰。一位教师教学《跨越海峡的生命桥》，扣住"这个刚满18岁的年轻人，患了严重的白血病，生命就像凋零的含苞的花朵，骨髓移植，才能使这朵生命之花绽放"中的"凋零、花苞、绽放"三个词语，让学生说说词语原来指什么，这里又指什么，并选择其中一个词语说说自己的理解。这是对比喻手法的关注。巧妙的教学设计能让孩子们通过对比、想象充分走进文本情境，并切实理解比喻的表达效果，体现欣赏与训练双轨并行，情感与能力"比翼双飞"。

三、探寻汉语言的真善美境界，丰盈孩子精神世界

"文"的第三层寓意，是真善美的统一。强调的是精神的内核。这同样是语文课堂的追求。语文之真，在于传授真知灼见、阐释科学真理、演绎真实生活、抒发真情实感、引导学做真人；语文之善，在于诠释生命意义、发掘生命潜能、拓展生命力量、提升生命境界、实现生命价值；语文之美，在于感受情趣之美、体验情意之美、体悟情绪之美、领悟情怀之美、创造灵魂之美。语文教育，是基础中的基础，是为了让孩子未来能安身立命，不仅包括技能，还包括安顿好自己的灵魂。学生邂逅了那么多的作者，那么多的篇章，这些可以也应该成为学生的人生伙伴，帮助学生安放自己的灵魂，找到人生的方向。汉语言文化的精神内核，其实有源可寻。《易传》中提出的"天行健，君子以自强不息"及"地势坤，君子以厚德载物"两个命题，集中地体现了中华文化的精神实质。它以和谐境界为"至善"，从至善中去寻求"至美"，崇尚和谐统一成为中国传统文化的最高价值原则。从这个源头出发，对接历史、对接生活、对接经典，汉语言精神的丰盈就有了可能。

首先，对接历史。中华文化丰富而深邃的文化内涵是在厚重的历史累积中形成的，具有一脉相承的本质特征。这提醒我们，教材中很多文章的精神营养，是可以对接历史的，这会让我们的眼界显得更加广大而深刻。比如《狼牙山五壮士》，这种"捐躯赴国难，视死忽如归"的大无畏精神，这种精神，流淌在每一个中华儿女身上，也必将在每一个学子的身上传承。

其次，对接生活。教育即生活。智慧的教学，应善于将学生已"有"的生活引入课堂，与文本呈现的"无"的生活对接，达成"有无相生"，方能丰盈孩子的阅读体验，深刻孩子的语言思维，让精神的种子刻入心中。一位教师教学《慈母情深》，引导孩子回忆奶奶皲裂的手，对比作者35岁的母亲的手，立起一个辛劳困苦的母亲形象。这样的对接，轻盈巧妙；这样的精神滋养，灵动有效。

最后，对接经典。经典本是文化之源，虽然对于孩子们来说，他们稚嫩童真的双眼，尚不能抵达其肌体，但教学的渗透和介入显然是必要的。因为从经典出发的精神才是最重要的、最本质的、最具有发散性的、最能引发文化自

觉的。一位教师教学《扁鹊治病》，通过古今文对比、见缝插针引入老子、韩非子关于"防微杜渐""千里之堤，溃于蚁穴"等言论，不仅加深理解，更利于"博学于文"，更不占用正常教学实践，可谓一举三得。这样的"引经据典"，无疑使孩子对文本的认知更丰满而深刻了。

当然，所有的教学活动，最终都要着眼于"化"。"化"之本义为改易、生成、造化。在此，"化"指人与事物性质或形态的改变，并引申为教行迁善之义。在对人的文明教化中，以文为形态的一切知识成果，须经感化、教化、内化、潜移默化的过程，方能在人的心理层面上积淀下来而成为一种文化素养。"化"的内核，揭示的不就是教育的基本规律吗？这提醒我们，要让汉语言文字真正走进儿童的内心，获取文化自信并最终形成文化自觉，应该遵循"化"的基本路径，感化以动情，教化以明义，内化以积淀，最终丰富孩子的文化素养，增强文化自信，从而促进文化自觉。

（深圳市坪山实验学校　庄泳程）

核心素养背景下的小学文言文教学研究

在核心素养的指导理念下，具有较强人文性的语文学科承担着推动人的全面发展的重任，而文质兼美的文言文在提升学生素养方面发挥着很大作用。本文立足于语文核心素养，将语文核心素养理念与小学文言文教学相结合，从文化、语言、思维和审美四个方面探究扎实有效的教学策略，切实促进学生语文综合能力进一步提升。

2022年版的《义务教育语文课程标准》提出培养学生语文核心素养的具体要求，要求教师重视学生文化、语言、思维和审美素养的奠基与发展。而文言文是中华民族语言文化的宝藏，是汉语言的典范与精华，能够帮助学生了解中华文化、中华智慧的源远流长和辉煌灿烂，增强其民族认同感，培养其爱国主义情感。

作为语文教师，如何引导小小孩童意趣盎然地行走在文言文学习之途，又如何在文言文教学中培养学生的语文核心素养？笔者结合自己的教学实践及思考，尝试从文言文的基本概况、文言文教学中培养语文核心素养的意义、文言文教学策略三个方面来谈一谈。

一、小学语文教材中文言文的基本概况

部编版语文教材总共选入优秀古诗文124篇，与原人教版教材相比，增加了55篇；其中选入文言文14篇，增加了10篇，比例大幅提升，这是自白话文兴起后百余年来，小学语文教材中文言文所占比例最高的一次。

原人教版教材选编的文言文集中在高年级，五年级下学期才安排了第一篇文言文的学习。而在部编版语文教材中，早在三年级上学期就已经安排了文言文的学习。从内容编排来看，部编版语文三年级教材安排了两篇文言文的学

习，四、五、六年级每年学习4篇文言文。起始学习年级大大提前，学习频率固定，让学生在语言敏感时期早早接受文言的熏陶，抢占先机，循序渐进，让文言成为儿童语言生成的根系。

从部编版教材选编的文言文来看，中年段字数一般在50字以内，高年段在七八十字，只有三篇文言文在百字出头，篇幅短小；选编的文言文比较接近我们现代的语言，难度系数较低；选编作品的时间跨度拉长了，所选文言文涵盖了先秦到民国，文类丰富，题材广泛，涉及神话、寓言、传记和议论文；大多数文言文是叙事性作品，故事生动，比较贴近儿童的生活和天性；文言文的主人公大多是以可爱活泼的孩童为主，拉近了学生与文本之间的距离，容易使学生产生亲切感和亲近感。

由此看来，部编版的语文教材所选文章文质兼美，集经典性、人文性、多样性于一身，适合用来作为提升学生语文核心素养的文本。语文教师在实际教学中，要准确定位文言文的教学价值，合理确定语文要素，采取科学的教学策略，才能实现课程价值，为学生成长、发展服务。

二、文言文教学中培养语文核心素养的意义

核心素养是学生通过课程学习逐步形成的正确价值观、必备品格和关键能力，是课程育人价值的集中体现。2022年版的《义务教育语文课程标准》指出，义务教育语文课程培养的核心素养，是学生在积极的语文实践活动中积累、建构并在真实的语言运用情境中表现出来的，是文化自信和语言运用、思维能力、审美创造的综合体现。语文核心素养代表着学生在新时代下发展的需求，基于语文核心素养的文言文教学更加符合语文教学本身的发展，不仅满足学生语文核心素养的现实培养需求，帮助学生体悟博大的传统文化、积累古香雅化的语言、培养积极思考的习惯、崇尚淳古典雅的审美；并且为文言文教学注入了新鲜活力，促使小学语文教师充分认识文言文的作用和价值，设计形式多样的教学活动，切实提升学生的语文核心素养。

（一）文化自信：体悟博大的传统文化

文化自信是指学生了解、认同、传承、弘扬中国优秀文化，关注参与当代文化生活，具有比较开阔的文化视野和一定的文化底蕴。

党的十九大提出的"立德树人"是我们教育的根本任务，文言文则是落实

这一重要任务的最好路径。因为文言文的学习有助于学生感受博大精深的中华文化，传承灿烂的中华文明。部编版教材中选编的文言文承载着我国源远流长的历史进程与奋发向上的民族精神，通过对文言文的学习，学生能够走近先贤洞见古今的思想，切实感悟中华文明的博大精深，真正认同与理解我国悠久的文化历史和不朽的民族精神，从而增强民族认同感、归属感、文化自信，提高文化传承意识，自觉将强大文化力量融于实际行动之中。

（二）语言运用：积累古香雅化的语言

语言运用指学生在丰富的语言实践中，通过积累、梳理和整合，不断地获得良好的语感，具有正确规范运用语言文字的意识和能力，能在具体语言情境中有效交流、沟通、感受语言文字的丰富内涵。

部编版语文教材文言文选篇篇幅短小、言简意赅、用词讲究，能帮助学生进行语言的学习。作为先哲智慧的结晶，文言文有其独特的语言规律，在反复的诵读中有助于学生积累与整合特殊的文言现象，形成自身的言语经验；切身体会文言的魅力，增强文言敏感度，使自身的语言在潜移默化中得到雅化，不断提高语言素养。

（三）思维能力：培养积极思考的习惯

思维能力指学生在语文学习过程中的联想想象、分析比较、归纳判断等认知表现，能够保有好奇心、求知欲、崇尚真知，勇于探索创新、养成积极思考的习惯。

部编版语文教材文言文选篇短小精悍、意蕴丰厚，文本具有丰富的思维训练价值。在教师的引导下，学生以文本为根基，对现象之间的关联进行思维的发散，从科学的角度找到事物发展的本质；并在咀嚼文本的过程中不断思考、品悟，逐渐增强问题意识，在发现问题、分析问题、解决问题的训练中产生对文章的思考和理解，从浅表阅读走向深度阅读，走向思维的"深水区"，促进了思维的发展与提升。

（四）审美创造：崇尚淳古典雅的审美

审美创造是指学生通过感受、理解、欣赏、评价语言文字及作品，获得较为丰富的审美经验，具有初步的感受美、发现美和运用语言文字表现美、创造美的能力，涵养高雅情趣，具备健康的审美意识和正确的审美观念。

部编版语文教材中文言文篇目内容丰富、文质兼美，均为千古传诵的经典之作，蕴含着语言美、形象美、情感美，体现了中华民族传统审美观念与意识。通过对文言文字里行间的细细品读与欣赏，学生能够深入感受语言文字之美，理解古人的思想情感，体会先贤的人性光辉，获得丰富的审美体验，培养淳古典雅的审美品味。

由此可见，小学文言文教学与语文核心素养的要求是相契合的，二者相互促进，语文核心素养能为文言文教学提供理念导向，文言文教学是培养语文核心素养的重要途径。

三、核心素养背景下的小学文言文教学策略

就目前文言文教学而言，虽然语文教师也非常重视学生的语言学习，但教学中偏重于文言知识的讲解，在一定程度上忽略了文言材料的文化、审美价值，并未完全发挥文言文教学的独特价值。随着2022年版的《义务教育语文课程标准》的推出，语文教师应积极探索核心素养背景下的小学文言文教学策略，在教学中帮助学生运用语言、提升思维和涵养审美，潜移默化地提升文化自信。

（一）文化自信：体悟文化丰富底蕴

中华传统文化的要义是中华民族在历史进程中所积累的精神财富，是一种隐形的精神存在。王荣生在《文言文教学教什么》中指出："文化不仅体现在古代文化常识中，更重要的是文人的所言志、所载道，体现出的是古仁人的优秀人格魅力与传统道德修养，以及正确的人生观与价值观，这些是学习文言文的落脚点。"经典文言文中蕴含着历久弥新的精神财富，时至今日依然能启发人的心灵、赋予我们力量。《囊萤夜读》所彰显出的勤奋、苦读精神，成为中华民族自强不息，勤奋上进的一种民族文化符号；《精卫填海》用英勇顽强的精卫形象告诉了我们不畏艰苦、奋斗不止，不达目的决不罢休的精神；《少年中国说（节选）》讴歌了祖国未来的英姿及其光辉灿烂的前程，具有强烈的进取精神，寄托了作者对少年中国的热爱和期望。通过对文言文中文化精神的关注与解读，学生能够加深对先贤古典情怀的认识和理解，树立正确的理想信念，提升文化理解与传承素养。

在部编版小学语文六年级上册《伯牙鼓琴》一文的教学中，笔者对本课的教学目标不仅仅停留于让学生根据注释读懂故事内容，更重要的是引导学生体

会伯牙和子期彼此心意相通、心照神交的知音之情。在教学过程中，笔者引导学生多视角想象伯牙琴声中所描述的"美妙的事物、动人的场景"，体会"伯牙所念，子期必得之"；随即抛出问题"既然伯牙的琴声能表现诸多美妙意境，文中为何只写了太山和流水，请结合文中的'志'字谈谈体会"，引发学生思考，体会"知音者，知志也"的真挚友情，从而理解"知己"的含义，慢慢地引导学生把短小的文本读深入、读厚重。再顺势联系课外拓展历代名家写知音的名篇："人之相识，贵在相知，人之相知，贵在知心""桃花潭水深千尺，不及汪伦送我情""合意友来情不厌，知心人至话投机""山河不足重，重在遇知己"……一代又一代的中国人渴望知音，并成为一种文化传承下来。文言文以文化人，学生在耳濡目染中感知知音的魅力，并产生对寻求知己的渴望，逐步构建自身文化体系，增强文化自信，提升文化理解与传承素养。

（二）语言运用：积累语料建构语感

文言文能丰富语料积累，帮助语感建构，是提升学生语言文字运用能力的语用材料之一。诵读法是文言文教学中常用的教学方法，通过不同方式的读让学生感受文言文古香雅化的语言特色，体会其特有的语言韵味。在教学中，教师诵读环节的设计要注意读的层次性，从读准确到读通顺再到熟读成诵。学生也能在一遍又一遍的诵读中读准字音、读通文本、读懂文本，积累古色古香的语言，也和古人共情，体会作品蕴含的丰富情感与意境。由于部编版教材中的文言文都是以叙事性文本为主，是训练学生口头表达能力的重要载体，因此，在读的基础上还可以鼓励学生带着自己的理解讲述故事、创编故事，甚至可以是演绎故事。学生通过课本剧的方式将静态的故事文本转变为动态的舞台展示，用艺术的手段呈现出作品的内涵，既能减轻学生与文言文之间的隔膜感，把课文读"活"，又能使学生享受到阅读文言文的乐趣。

《少年中国说（节选）》是部编版小学语文五年级上册的一篇课文，选篇文句特别、节奏鲜明、长短交替、韵散结合，大量排比和反复、意象瑰伟，读起来豪气奔放、气吞山河。笔者在教学中以读为主线，运用学生自由读、师生合作读、男女生换读、个人展示读、全班合诵等形式让学生在诵读中反复体味，感受雄文劲采。创设多种语言情境，引导学生把文本中的"少年"替换成"我们"，于是，学生从"读文本"变成"读我们"，学生与作者共情共生、融为一体，深刻体会"中国少年之责任"。

（三）思维能力：有效提问发展思维

思维发展与提升是语文核心素养的重要内容，也是文言文教学应实现的目标。有效提问是发展思维的起点。教师结合自己对文本的解读，聚焦文意核心，精心设计问题，引发学生积极思考，帮助学生深入、细致地理解文本，加深对于人物品质的认识和观点阐述的认同。合理的问题设置能够将文本内容与课堂环节紧密连接，搭建起一座座学生与学生、学生与教师、学生与文本之间有效对话的桥梁，促进学生思维的发展与提升。

在实际教学中，语文教师可以关注单篇文言文对学生思维能力的训练点，比如：《杨氏之子》的类比思维；《书戴嵩画牛》的突破经验思维束缚；《司马光》中司马光思维的敏捷性；《王戎不取道旁李》中王戎思维的独特性；……不同的篇目能够训练学生的不同思维能力，使思维能力得到不断凝练化、周密化。语文教师也可以关注多篇文言文，统整主题，比如《司马光》《王戎不取道旁李》《杨氏之子》分别是三、四、五年级教材中的文言文，虽然年级不同，但故事主题一致，都是通过生活中常见的小故事来体现孩童的聪明机智，引导学生比较思考三个小孩的同与不同。通过这样的主题对比，有助于学生在分析与比较中，产生较强的综合推理的能力，善于从发现中寻找问题研究的创新点。

（四）审美创造：品味欣赏提高审美

审美创造是语文核心素养的重要维度之一，是陶冶学生性情、提升学生综合素质的重要方面。文言文作为我国文学史上文质兼美的精华，有着历经千年仍光彩不灭的审美价值，对于夯实小学生文学功底、提升语文鉴赏能力，具有十分重要的作用。李振村先生曾振臂疾呼："当今的中学文言文教学，把母语教学变成了外国语教学；把文言文的教学变成了古代汉语知识的教学。小学文言文教学一定要避免重蹈覆辙。"因此，小学的文言文教学要摒弃文言文教学的功利化、知识化倾向，站在审美的立场，带领学生在学习活动中品味、欣赏优美的语言、生动的形象、真挚的情感，从中获得美的感受，潜移默化地培养学生淳古典雅的审美品位、健康向上的审美情趣，提高学生的审美鉴赏与创造素养。

在部编版语文教材中有许多适合提升学生审美素养的文言文选篇。比如，《少年中国说（节选）》语言高度凝练且气势宏大、感情饱满，语文教师可以引导学生关注文本的语言美，设计多种形式的朗读实践和体验，感知文章的音韵之美、形式之美，感受文言文的魅力，获得美的熏陶和感染；在读的基础上，顺势创设机会，利用"任公且看，今日中国，_____，_____；_____，_____"，让学生抒发心中的情感，在感知语言美的基础上感知美、创造美。教材中还有一群聪敏机智的孩童形象：机智果敢的司马光、聪颖智慧的王戎、善思善辩的杨氏子等。这些美好的形象都深深吸引着学生的目光，让他们心驰神往，如果这时候巧妙地引入同一人物的其他故事或者同类型的其他人物的故事，将能够更好地帮助学生感受古人的思想光辉和人格魅力。教师要充分发挥文言文教学的文化功能，挖掘文本中的审美因素，使学生在获得知识的同时，更能得到美的体验。

综上所述，语文教师应当拓展视域、开阔眼界，自觉吸收、借鉴语文教学新理念，进一步促进语文核心素养与文言文教学的融合，系统实现文言文教学价值，帮助学生在有序的学习秩序中亲近文言、爱上文言，并在积极的语言实践活动中稳步提升语文素养。

参考文献：

［1］中华人民共和国教育部.义务教育语文课程标准（2022年版）［M］.北京：北京师范大学出版社，2022.

［2］庄泳程.行走在字里行间［M］.北京：光明日报出版社，2015：2.

［3］王荣生.语文科课程论基础［M］.上海：上海教育出版社，2005：1.

［4］朱文君.小学生小古文100课［M］.济南：济南出版社，2015：3.

［5］徐佳.语文核心素养导向下的小学古文教学分析［J］.教改课改，2019（05）.

［6］王宁.谈谈语言建构与运用［J］.语文学习，2018（01）.

［7］吴忠豪.小学语文教材中文言文的教法［J］.小学教学（语版），2015（10）.

［8］朱文君.打开文言文诵读之门［J］.小学语文教师，2010（09）.

［9］王蕴杰.基于语文核心素养的小古文教学研究［D］.济南：山东师范大学，2019.

［10］吴鑫云.小学高段"小古文"校本课程开发与实施研究［D］.长春：东北师范大学，2018.

（深圳市坪山实验学校　刘富凌）

生活语文化之我见

语文教育与社会生活的关系可以从两个方向去探究：一个方向是如何用生活来学习语文，用生活中积累的经验知识学好语文；另一个方向则是如何用语文过好自己的生活，把语文中学到的思维、技能等运用到生活中。

前者，我国的教育家陶行知先生提出了"生活即教育"的观点。在开展扫除文盲的平民教育运动中，陶先生强调生活是教育的中心，无论条件多么艰苦，只要有生活的地方就可以有教育，借此扩大了教育的范围，让生活和社会中的一切力量都可以助力教育普及。此外，在语文学科方面，当代名家李镇西老师在20世纪90年代也提出一个理念，叫作"语文教学生活化"。就是在语文教育之中，自然地注入生活的内容，进行语文的生活教育，同时也提倡在学生的生活中利用一切机会去吸收和运用语文，时时处处展开语文的教育教学。而关于后者，杜威提出了教育即生活的理念。结合时代背景来看，是因为当时的美国教育脱离了儿童的需求和社会发展，所以杜威发起了实用主义教育运动，提倡教育是生活的过程，属于生活的一部分，所以应当通过教育帮助人们更好地适应生活。

结合前人的理论和我国现阶段国情，笔者认为有必要深入探讨语文教育在人民生活中发挥的作用——生活语文化，即在生活中树立语文意识，运用语文所学过上美好的生活。下面，结合本人的教学实践从三个方面展开探讨。

一、搭建学科基础

语文这门学科的本质就是培养语感，即学习语言文字的运用。上海市《中学语文学科教学规范手册》中列举了一个学生语文能力矩阵，学生阅读能力的水平是要知道这个词句的基本意思；上升到水平二的时候，是能够联系文章的内容推断理解词句的含义；水平三的时候，是能联系语境理解词语的含义，判断句和句之间的关系；然后再上升到水平四，就是不但能理解词语的含义，还能理解它的表达效果，理解这个句子在文中的作用；最后上升到最高的水平五，是能在整体感知的基础上对文章的主旨、作品的主题有一个丰富合理的阐释，能够鉴赏这个文学作品中的艺术形象、表现手法、来源风格等。

通过对语文能力的层层剖析，我们可以发现，用语文来生活的第一要义就是每个中国人都通过学好语文进而学习一切知识，这是构建所有学科的基础。举个最简单的例子，带过小学一年级学生的教师都知道，一年级孩子考试的时候教师要读题目，因为孩子本身识字量不够，还不能完全独立地读懂题目。包括数学学科，如果理解能力不到位，读不懂题目意思，那就不会做这道题。这说明什么？就是如果一个人语文没有学好的话，就没有办法去学任何一门学科知识。很多优秀的理科生、伟大的科学家，他们在谈论科学研究的时候，都强调了文学素养的重要性。所以，语文对于每个人的生活第一个方面的功用就是，它是我们学习一切知识的基础。无论继承前人的传统文化，开创未来的新文明，抑或当下与人沟通交流。语文，无处不在。

二、发展个体思维

对于个体的发展而言，最重要的莫过于思维和情感。现在先来谈谈思维，语文是怎么促进人的思维发展呢？我们以一道四年级的阅读题为例。阅读文段大致的意思是：一位教师让孩子们带上最能表现爱的东西到课堂上来，有个小女孩什么也没带。她说对不起老师，我看到了花，嗅到了它的香味，我想要摘它，可是我更喜欢它留在那儿，这样花香会持续更长时间，嗅到花香的人也会更多。阅读题的第二题问，小女孩不想摘下花朵是为什么。有的孩子只看到原文所说的是希望花朵留在那里，他的思维就没有进一步深入了；而有的孩子思维发展比较好，他就会知道小女孩是想让花留在那儿，从而能让更多人闻到花香，这就体现了他思维的一个层次性。

而接下来一个错误率最高的题目更能体现出学生思维的差异。教师问小女孩为什么没有把小鸟带来。小女孩说我看到了小鸟，它跌落在草丛里，但是当我爬上树看到鸟妈妈会说话的表情，我决定将小鸟放回到鸟窝里。有的学生思维发展缓慢，他会回答是因为不想看到鸟妈妈会说话的表情，他还不会进一步去想这个鸟妈妈会说话的表情是代表什么含义。而有的孩子通过平时的语文学习，思维发展较快，他就能理解鸟妈妈的表情是什么，比如你带走我的孩子我会很伤心啊、你带走我的孩子我们就母子分离了等，因此他可以回答出来，是因为不想鸟妈妈伤心或是因为不想鸟妈妈失去自己的孩子。

上面这道阅读题，很典型地表现了语文教育是如何促进人的思维发展的。思维，是人脑对于客观现实事物的本质以及内在规律间接概括性的反应。在人的智力结构中，思维处于核心地位，是人脑所有智力活动的最高调节者。通过语言去发展思维，这是一直以来毋庸置疑的。因为语言是外壳，思维则是内核。通过语言才能不断发展人的思维，我们在发展思维的过程中又同时发展语言，然后良性循环起来，又进一步去发展思维，这就是语言和思维的同步发展。学习语文的时候，既是利用自己的一个思维组块去理解语言的内容，同时把这个语言吸纳进来以后，它通过同化和顺应又发展了你的思维。所以说，任何人想要发展心智，就必须掌握文化所提供给人的各种智力工具，而在这其中最重要的，就是语言。这就是语文对于人的思维、智力发展的重要促进功能，即生活语文化的第二要义。

三、塑造审美生活

笔者认为，语文对于人最重要的作用就是美的教育，即语文为学习者带来一种美的体验，这也是生活语文化的第三要义——语文的审美生活。语文本身就是美的学科，其中有丰富的审美对象，包括语言、文字、文章、文学、文化。比如人们日常使用口头语言，有的人说话粗俗无趣，而有的人说话高雅隽永，这就是语文在其中发挥的美的作用。还有语文的文字，像低年级识字教学的时候，如果只是简单地把这个字让学生看一下，他们书写时很容易出错，但如果能结合甲骨文等学理给学生讲清楚汉字的演变发展，使学生深入理解汉字美好形状的来龙去脉，他们往往不会再出错。另外还有文化。语文之中可以说无处不是文化，不管古代也好、当代也好，民族文化也好、世界文化也好，我们的语文教材涉猎广泛，课文中各种文化素材都有。所以说，在语文这门学科中，有丰富的审美对象，它们全都是可以为我们带来审美体验的素材。语文，天生就是美的学科，是美育的学科。

那么语文是如何促使人创造审美生活的呢?

第一是审美知识，人们通过学习语文积累审美的知识经验。比如学习书写生字，我们通过学习汉字的间架结构，了解每个字每个笔画怎么写更好看。再到欣赏书法作品的时候，我们也就知道了这个字哪里写得好、哪里写得不好。通过语文积累了基本的审美常识，这是一个前提。任何人生活都应该有这样一个简单的审美知识作为前提，否则我们如何去分辨是非、美丑、好坏呢？

第二，在审美知识的基础上，进一步通过语文教育发展人的审美能力，包括感受力、判断力、想象力、创新力等。

第三，在丰富的审美活动中逐渐形成审美趣味。为什么要强调语文对人们生活的审美化作用呢？因为在现在的社会里，人们极度缺乏高级的审美趣味，尤其是学生。有时候会在课间听到孩子说一些脏话，其实小孩子什么都不懂，他不知道什么是美的、什么是好的，只是因为主流的健康优质文化缺失了，他无法判断，所以这种不健康的亚文化才能乘虚而入。如果说孩子有比较高级的审美趣味，那么他就不会再觉得说脏话这种低俗的事很有趣了。当然，这也可以促进他们对语文的学习，用非智力因素去促进智力因素的发展。

最后一个最高的层次，就是通过学习语文去实现一种审美的人生，包括情感的和谐、人格的健全以及精神的自由。例如，北大叶朗教授《美学原理》一书所言，通过语文的美育可以使人进入审美的最高境界就是自由。何谓自由境界？

第一是发现美、成为美。

美国聋哑作家海伦·凯勒，她知道一个朋友从树林散步回来了，就问他："你在树林里发现了什么？"那个朋友回答说树林里没什么。海伦就非常惊讶，说你在一个树林里走了快一个小时才回来，居然什么都没有发现！这个故事可以说明，有的人是缺乏这种发现美的能力和意识的。美学大师宗白华说，一切美的光都来自你心灵的源泉。美，其实是每个人自己的事，是外界的事物在你超脱心灵上刹那间显现的真实。所以发现美的过程，其实也是在洗涤人的心灵。通过不断发现美，你也会成为美，成为一个高雅的人、有趣味的人、有情感的人。

第二是真善美的统一。

孙绍振教授的一本书叫作《审美阅读十五讲》，里面详细讲解了"审丑"的理念。我们在阅读课文的时候，经常发现文章里有一些不怎么美的人物，比如猪八戒。但是很奇怪，读者往往非常喜欢猪八戒，为什么？因为它真实。有的电影人物非常高大上，但是人们就是不喜欢他，因为他身上没有真实的人性，所以我们觉得他不美。而猪八戒，虽然有点傻里傻气，但他真实得可爱，所以人们觉得他美，这就叫真善美的统一。所以语文教育带来的审美体验，就是在培养学习者达成真善美统一的自由。

第三是天人合一。

生活在现代社会的每个人，都经历着一种被撕裂的痛楚。一方面大家有物质充裕的生活，但另一方面精神生活却十分匮乏。这两种生活不断地冲突割裂，导致人们生活失衡。所以现在有那么多中小学生自杀，不仅仅是抗挫折能力弱，更是因为他们无法承受长期被分裂的痛苦。通过语文之美，让物质和精神生活得到和解，在文字文学文化的愉悦中超脱世俗功利，慢慢沉淀心境，人就可以顺势超越当下的自我局限，从而达到物我同一的自由境界。

王国维先生说，教育之宗旨何在？在使人为完全之人物而已。其实语文教育也是让每个人能够建构自我，通过美好的生活，成为更加完整的"我"。哪怕是对于学生来说，暂时达不到语文的审美生活境界，但也可以通过语文在他们心里种下一颗种子，等待契机到来时就破土、发芽、成长。如果每个人都能用语文去过一种美的生活，不管他处于何种境地，他的生活都会是美好的。就像黛玉葬花一样，把日常生活过得有滋有味。这就是，用语文来塑造人们的美好生活，即生活语文化。

（深圳市坪山实验学校　张文）

荟萃　淬炼　精粹

——多元文本解读路径探索

从接受美学的角度讲，"阅读并不仅仅是被动的接收，而是主体的同化。不同时代，不同文化背景、不同经历、不同素养、不同价值取向的读者主体的不同，因而同化的结果也是不同的"（孙绍振《多元解读和一元层层深入》《中学语文教学》2009.8）。从文本解读的角度讲，这种"不同的结果"就表现为解读的多元。尊重、理解进而融合这些"不同的结果"，需要良好的思维品质的依托。由此，多元文本解读必须讲究基于思维品质的策略。

所谓"思维策略"，就是从思维品质出发所制定的方法、路径的提升与融合。思维的品质影响思维习惯，思维的习惯影响文本解读的广度、厚度、效度，由此，提倡多元文本解读必须重视一定的思维策略。首先，在解读的起点，要有荟萃不同视角的视野，丰富解读的广度；其次，在解读的过程，要有淬炼文本价值的意识，夯实解读的厚度；最后，对解读的终极目标，要有提炼解读精粹的习惯，丰盈解读的效度。这种建立在解读主体思维品质上的策略，利于师生在解读中养成良好的品析、甄别、比较语言文字内核的习惯，从而让解读的多元化更为有意义。

一、解读的起点策略：荟萃多种视角

所谓"荟萃"，就是精美东西的汇集。在此特指多种解读精义的收集和整理。视角，则指文本解读的不同角度。文本解读的起点，不仅要将解读的目光投注于文本肌体，更要占有更多不同视角解读的感性材料，这能让解读从一开始就进入宽广的视野。文学作品作用于不同的读者身上或同一读者处于不同氛围之中，所引发的生活感应、所打开的思维流程、所产生的心灵震撼、所荡起的联想启迪、所建构的知识图式不同，就会使文本的解读呈现不同的视角。余秋雨说："在一个琳琅满目的世界，学会排序是一种本事，不至于迷路。有的诗文，初读也很好，但通过排序比较，就会感知上下之别。日积月累，也就有可能深入文学最微妙的堂奥。"从这个角度上讲，真正多元的解读，首先就是要荟萃不同的解读视角，从中进行比较、甄别，学会"排序"，久而久之，也有可能进入文本"最微妙的堂奥"。

比如《地震中的父与子》这篇文章。课文讲了地震发生后，父亲锲而不舍连续38个小时解救儿子，儿子埋在废墟底下坚定等待父亲的到来，表现父与子"了不起"的事。对于文章的解读，从本意上讲，就可以有多个视角。

（1）叙述者视角。教师可以站在第三者的立场上，把解读的重点放在父与子的"了不起"，通过对语言文字的品味，体会父子为什么"了不起"。

（2）情节视角。教师也可以把解读的重心放在故事情节的填补上——38个小时，你可以做什么？38个小时，父亲会经历什么？38个小时，废墟下的孩子们会怎么样？

（3）人物视角。教师还可以将视角投注在"父亲"身上，抓住语言文字细节，解读山一般的"父爱"。不同的视角无对错之分，但有高低之别。我国古典美学有"诗有三境"之说，即"物境""情境"和"意境"。以上三种不同视角的解读，也表现了教师主观解读的心理和参与行为的高低。"物境"如镜中之像，仅得形似；"情境"即参与情感体验，高出一层；"意境"则超越一般性的情感体验，"张之于意而思之于心"，达到解读的高层境界。

以上案例给予我们的启发，就是文本解读是可以有多个视角的。比如文本解读的层次角度：读出文本的本意、深意、新意；文本解读的性质角度：生命性、审美性、生活性、文化性、智慧性；文本解读的"语文味"角度："文味""情味"及其二者的统一；文本解读的方法角度："知人论世""以意逆志"等。唯有荟萃多种视角的意识和习惯，方能让多元的解读在一开始就视野宽广，方能在解读的起点就有了游刃的多重路径，方能在荟萃之余辨优劣、明方向，真正选择适合文本、适合教学的解读方向。

二、解读的过程策略：淬炼教学价值

阅读教学的教学价值是什么？语文是一门人文学科，人文之精神在于促进人的生活质量、思想内核、生命品质的提高。这同样应该成为阅读教学的终极目标，也是阅读教学价值所在。文本解读的过程，就是要借助文本这个载体，通过师生共同的解读，寻找适切师生在阅与读的过程中，提升师生生命品质的节点。这个节点，在解读上就表现为解读的要点是否扎根于学科本真，服务于学生学习，彰显出教师个性，落实于思维创新，尤其不能偏离文本的内核、舍本逐末、画蛇添足、避重就轻。由此，解读的过程还须历经淬炼。淬炼的过程，就是甄别、判断、选择的过程。不经过苦心孤诣的揣摩和比照，是不可能真正抵达文本解读的核心的。这种揣摩和比照，必须成为一种常态意识。从矛盾对立的哲学观来讲，这个节点，要兼顾师生教与学的需要，要统筹读者与作者创与阅的主旨，更要平衡编者和读者编与读的用心。

1. 教师视角和学生视角的平衡

教师视角是指教师阅读文本的角度，一般带着成年人审视的目光，而学生视角则是孩子从自身知识水平及生活阅历出发阅读文本的角度，一般比较纯粹。多元解读不仅要兼顾教师的视角，更要兼顾儿童的视角，从中发现两种视角的交叉、融合甚至是矛盾的点，这个点，就是两种不同视角的平衡点。比如《祖父的园子》，萧红用儿童的语言，写出了儿童眼里的世界，这样的世界，在学生的眼里就是自由、就是快乐、就是生机勃勃。然而熟识萧红的人，又怎能忽略乱世飘零中萧红步履蹒跚的身影，又怎能忽略萧红在孤灯残影中的那一声声呐喊，祖父的园子就是萧红心里的精神家园啊！如何平衡教师与学生视角，就是多元解读着力点所在。

2. 读者视角和作者视角的平衡

作者视角表现为读者创作的初衷，而读者对于一篇作品的观感，也肯定会衍生诸多个人的色彩，因为阅读肯定会带着补充、丰富和自我的审视，这就是读者视角。多元文本解读的关键在于，寻找读者视角与作者视角的交集所在。这个交集，就是文本的内核所在。比如《去年的树》。很多人阅读《去年的树》，关注到了鸟儿对友情的呵护，对承诺的执着，而新美南吉最初的出发点其实是表现一种对生命的淡然甚至是淡淡的忧伤。他用"物语"的表现形式，通过树的生命历程，展示了对于生命幻灭的最为朴素的人生态度。显然，这样的创作初衷如果贸然投射到课堂，无疑是孩子无法承受的分量。如何达成平衡，是考验教师解读功力的重要问题。

3.编者视角和教学视角的平衡

作为教材中的每一篇文章，其摆放的每一个位置，其实浸透了编者的独特用心。这种用心，就是编者对于文本理解的视角。这是解读的一个重要因素，是解读中不能绕过的一个重要节点。而教学的视角往往是就单篇教学文本而言的。由此，编者视角和教学视角的平衡，就表现为教学的个性必须是基于遵循编者意图基础上的发挥。比如人教版新课标第十册第八单元的《长征》。作为孤立的文本，教学中要呈现的无疑是长征中的大场景，而作为"毛泽东专题"单元下的第一篇文章，我们更要聚焦大场景背后那个人——毛泽东。编者视角与教学视角如何平衡，最终将衡量多元解读是否有意义。

三、解读的终极目标：提炼解读精粹

多元解读的最终目的在于服务教学，由此，解读的精粹就表现为是否利于教学的最终解读内容。提炼的过程，就是在大量荟萃和着力淬炼的前提下，筛选、组合、取舍解读内容，并转化为教学设计的过程。没有淬炼解读精粹的意识和习惯，所有的多元解读，都只能是一盘散沙，不能成为系统，甚至会使自身在多种解读的视角中迷失了教与学的方向。而这种提炼解读精粹的习惯，需要一种持之以恒、深入分析并精准提升的定力和意志品质。具体来说，包括三方面。

1.懂得融合

融合就是融汇，进而达成贯通。融汇的是不同视角的解读，贯通的是对于文本达成统一而完整的意象解读。比如对于《祖父的园子》，教学诚然需要蹲下来的姿态，也总需要拖起来的助力。是否可以在儿童视角的基础上，适当渗透成人的视角，通过童年的自由快乐与生机对比成年的禁锢漂泊与落魄，最终达成对"园子"意象的理解呢？祖父的院子里满是自由快乐和生机，而成年的生活是时局的动荡、生活的颠沛流离、家园的支离破碎，这样的对比，是否能荡激孩子的心田，深化其对园子意象的解读？孩子的发现是令我们惊讶的：祖父的园子是萧红漂泊时心灵的港湾，是饥寒交迫时一盏温暖的灯，更是她脆弱心灵最后的壁垒；是她心灵的家园啊！是萧红心底深处的一个梦！自由、快乐、生机，一切园里的事物只能在梦里相见了；在这样的梦里，只愿沉醉，不愿醒来！在这样的淬炼中，师生共同完成的文本解读碰撞出了更为智慧的火花。在孩子们诗化般的语言中，不仅园子的意象显得更为饱满，且语言与思维的升华也更为厚实。这样的解读，才是真正的多元解读。

2. 善于换位

换位，在多元文本解读过程中，更多体现为角色的换位。它表现为审视文本的不同角色体验，这种换位，于文本最终解读精粹的提炼有醍醐灌顶之效。《去年的树》中我关注到了课题这个点。课题是《去年的树》，而作品中却用大量的笔墨描写"今年的鸟"，如果用鸟儿的目光来审视整个故事，我们读到的可能就是友情、承诺和忧伤，那么，如果是用"去年的树"作为切入点，如果用"去年的树"来审视整个故事，读到的又是什么呢？借用这种角色换位的教学思路，孩子们就有可能读到一种生命的变化历程，读到"树"对于生命变化的一种豁达观感：从一棵树到一根火柴，未必就是忧伤，燃烧自己照亮别人进而回归大地，这是一种自然的规则，尊重并正视这种规则，可以获得内心的从容与淡然。当然，这样的解读未必能成功地投射到课堂，还要基于教师的能力、学生的眼界、课堂的具体生成而定，但这样的解读，无疑比单一地关注"友情、承诺、忧伤"更为多元。

3. 敢于取舍

取舍无疑是智慧的。文本解读，之所取者，是为了丰盈对于文本的理解；之所舍者，是敢于抛却无关于教学目标的解读内容，最终让教学更为扎实有效。在教学《长征》中有位教师用"伟人风采、凡人情怀"的单元主题来解读，这样的立意就显得更为高明。通过"伟人风采"，呈现红军战士对于长征中"难"的蔑视，表现一种革命乐观主义及大无畏精神；借助"凡人情怀"，补充长征中那一个个温情的故事，尤其是补充毛泽东长征中的三次落泪，把伟人的姿态放低，沾上凡人的气息，展示革命领袖有血有肉、有情有泪的情感，不仅更为立体地还原了长征的真实情况，更丰盈了一代伟人的人物形象，可谓一举多得。这样的多元解读，需要适当舍去长征途中红军的豪迈情怀，而补充更多的毛泽东的感性素材。这样的解读，才是更能站得住脚的，才是更能体现编者意图的。

综上所述，从思维习惯出发，强化荟萃、淬炼、精粹的多元文本解读意识并养成习惯，利于师生在文本解读中丰富解读的广度，夯实解读的厚度，丰盈解读的效度，更能有效地提高阅读教学的效率。唯此，多元，方能更有意义！

（深圳市坪山实验学校　庄泳程）

小学语文实践性作业初探

作业是课堂教学的延伸。一份科学合理的课后作业既能最大限度地巩固课堂学习效果、丰富学生的知识储备，又能充实学生的课余生活、发展学生独特个性。因此，在小学语文教学中，作业的选择和设计显得尤为重要。那么，什么样的作业能真实有效地提升学生的语文素养呢？

一、贴合学生的实际——生活性

"语文的外延与生活的外延相等。"作业设计要善于从生活中汲取丰富的养分，贴近学生的实际，充满生活的气息，使作业成为学生生活的向导。

（1）观察作业：观察是有效的语文积累，学生往往对生活中的所见所闻有着浓厚的兴趣，因此可结合语文教学布置相关观察类作业。例如，五年级上册第七单元的作文"___即景"，习作要求写出自然中景物的动态变化，这就要求学生做生活中的有心人，既享受自然又体验自然，在充分观察的基础上积累生活素材。因此，在单元作业中提前安排学生记录自然生活中的点滴变化，制作观察记录单。他们有了丰富的观察与积累，写文章时才能信手拈来、涉笔成趣。

（2）调查作业：《义务教育语文课程标准》明确指出："语文是实践性很强的课程，应着重培养学生的语文实践能力，而培养这种能力的主要途径也应是语文实践。"因此教师应注意沟通课内与课外、校内与校外的联系，拓宽语文实践的渠道。因此，在学习六年级上册第六单元习作"学写倡议书"时，可以组织各学习小组通过走访调查、街头采访等活动了解校园、社区、街道的卫生现状，有针对性地为身边出现的环境问题积极献策。

（3）实践作业："生活处处皆语文。"在教学过程中，我们也应该寻找、挖掘、创造可供学生实践的契机和环境。例如，在学写"这儿真美"前可以先组织学生游览校园，评选"最佳小导游"，在培养学生观察能力的同时提升口头表达能力，逐步向书面表达过渡；上完《中国美食》一课可安排学做菜肴的作业，既可以增强学生的劳动意识，又能丰富学生的生活体验。

二、做课余的"调味料"——趣味性

苏霍姆林斯基认为："所有智力方面的工作大都依赖于兴趣。"教学实践也证明，兴趣是最好的老师，是学生学习不竭的动力。在传统语文教学过程中，学生面对的大部分都为抄写、背诵、写作等形式单一、内容枯燥的书面作业，这些日复一日的无趣模式已成为学生沉重的负担。因此，作业设计应增加更多趣味性，打破以往传统作业带来的枷锁，使学生处于一种愉悦的氛围之中，更好地体验寻觅真知和增长才干的成功乐趣。

（一）图式作业

在低年级的教学过程中，我们不难发现，学生对于直观可视、色彩丰富的图画书籍往往带有浓厚的兴趣。因此，图式作业成为语文课前课后梳理文本脉络、巩固知识基础、训练审美能力的重要步骤。此类作业有绘图日记、制作思维导图、为诗文配画等。

（1）绘图日记：在学习看图写话前，可布置小组成员轮流根据当天的心情和发生的事情或自由选择主题进行绘画创作，小组内其他成员根据他所画内容猜测他的感受、自由说话，由画图学生评价组内成员谁说得最准确、表达得最完整。

（2）思维导图：制作思维导图可以作为中高年级学生预习时的课前学习手段，尤其在针对结构鲜明、情节丰富的课文时更是能引导学生抓住关键词句快速厘清文本结构、整合新旧知识点。通过制作思维导图系统建构知识网络，使文本框架一目了然，也能提升学生可持续学习的能力。同时，在进行导图解说时他们也能对文章提出深入独到的见解。如，《夏天里的成长》一课，学生在课前预习时梳理出"夏天是万物迅速生长的季节——生物：飞快、跳跃地长；非生物：什么都在长；人：用力地长"的结构，"总—分"结构清晰明确，"围绕中心意思"写的主题也呼之欲出。

（3）为诗文配画：在学习写景诗文后设计为文配画的作业，既可以巩固学生对文本的理解能力、丰富学生的想象力，还提高了他们对自然生活的审美能力。例如，《四季之美》一文选材独特，作者以细腻的情感描绘了"春日黎明天空""夏夜萤火虫""秋天黄昏归鸦""冬晨熊熊炭火"四幅独具美感的图景，课文插图中四个扇面更是增添文字的意境之美。因此，本单元作业中设计了"画一画"作业，引导学生在对文本的充分理解上自由创作、绘画。学生们兴趣高涨、个个跃跃欲试，当然，收集上来的作品也极具想象力和美感。当这些佳作张贴在教室墙面时，引来了班级同学纷纷围观，取得了非常好的教学效果。

（二）表演作业

在学习故事情节曲折丰富、语言表达生动有趣、动作描写活泼多样的课文时，我们会发现课堂氛围自然而然从沉寂转变为热闹，尤其当教学中安排上"表演读"的环节，学生更是摩拳擦掌、表演欲激增。因此，我常常布置这样的作业：请同学们自由组合、自选角色，表演课本剧。学生通过分工合作，利用课余时间组织表演小组。他们在入情入境的朗读表演中，将课文的语言内化，再加上合理的想象、配上夸张的动作表情，在课堂呈现的效果往往出乎意料。最后由学生评出最佳演员、最佳小组、最佳编剧，更能鼓动学生学与演结合的激情。

三、开阔学习视野——延展性

语文课程资源是多姿多彩的，教材内容不等同于教学内容，学生的作业视角也应由课内转为课外，因此学生应学会通过查阅、收集、处理相关的课内外文本信息进行拓展性学习。

（1）收集资料：在信息飞速发展的时代，如何快速正确捕捉、收集信息是学生必不可少的一项能力。因此，为培养学生查找资料的能力、丰富学生对课文中的景物或作者等的认知和理解，可以适时布置学生课前做好资料的收集工作。例如：学习《观潮》一课可布置学生收集、观看有关钱塘江的资料；学习《走近鲁迅》这一单元前可引导学生查阅鲁迅所处的时代背景、鲁迅所著代表作品、课文写作的背景等资料。

（2）整合信息：在学习了《山居秋暝》等古诗词后，我布置了"收集其他含有动静结合描写的古诗"这一项作业。那么学生在寻查资料的过程中，首先需要掌握动静结合的基本特点，进而需要通过翻阅书籍、上网查找资料等方式去收集古诗，还要判断所收集到的古诗是否结合了动静描写的方法，诗句中哪一句是动态描写、哪一句是静态描写……在此项作业中，学生能通过巩固知识点、查找信息、处理信息、整合信息、重新创作等方式得到充分锻炼。

（3）拓展阅读：拓展性阅读是以课文为本，带读、学习与文本相关的课外资料，即"课内作为课外的依托和凭借，课外作为课内的补充和发展"。它为学生的语文学习和实践提供了更为科学和广阔的空间。可以是对同一作家作品、同时期作家作品、相近题材作品、相反观点作品进行比较阅读，还可以是篇章与整本书的延伸阅读等。例如，学习了《肥皂泡》和《短诗三首》可以链接冰心等其他作品；学习了《草船借箭》可以推荐学生阅读《三国演义》的其他篇章或进行整本书阅读……这些拓展阅读不仅使学生加深了对课文的理解、对人物的思考、对时代背景的感悟，还能丰富阅读视野、提升阅读能力。

四、解开沉重枷锁——创新性

如若在学生当中做一次"最令人感到头疼/苦恼作业"调查的话，写作应该能选入榜单前三。正如《义务教育语文课程标准》所说："写作教学应贴近学生实际，让学生易于动笔，乐于表达……""要为学生的自主写作提供有利条件，减少对学生写作的束缚，鼓励自由表达和有创意的表达……"如何摆脱学生提笔维艰的现状，如何将学生"要我写"转变成"我要写"，创新习作形式成为改变学生写作困境的重要一环。

（1）日记的创新：三年级学生初学习作，为了让学生养成观察生活的习惯，我布置了每日一记的课后作业。但收上来的成效却不尽如人意：错别字一大堆、内容枯燥无味、流水账凑字数……如何改善这种状况？根据学生能力的差别，我定制了以下几种日记形式：录音日记、照片日记、绘本日记、一句话日记、同桌日记、和老师一起写日记……如果当天作业很多，效率较低的同学可以采用录音日记的形式将今天的所见所闻所想说给老师听，或将见到的美景拍下来上传至群里；绘画水平高的同学可以采用绘本的形式记录一天的故事；写作能力较差的同学可以用一句话说清当天印象最深刻的事；同桌可以互换日记，记录看到对方这天发生的好事或糗事；和教师一起写日记则是由学生写出故事开头、让教师续写故事的结尾等。在不同的日记形式的尝试中，学生的各方面能力都有所提升：口头表达能力增强，绘画新意不断，字迹更加工整，想法更加多样……对写作的兴趣也在不断提升。

（2）单元习作的创新：在学习编写童话的单元作文时，我设计了小组讨论的环节：和组员交流自己创编的童话情节，相互提建议。有一位组员只想好了开头，迟迟梳理不出情节，影响了本组内其他组员讲故事的效率。集体交流时轮到该组，却只能汇报出一个故事开头，于是我建议其他组员按照这个开头往下续编故事，大家纷纷来了兴致，一个接一个地合作编写出一个完整的童话。此次教学给了我一个创新单元习作的新想法：接龙写作——在预习单元内容时，小组先共同确定好本单元习作的主题，一周时间内一人写一个自然段或情节，接龙完成一篇小组作文，最后再由组员一起修改、完善，形成一篇完整的单元作文。在学习完本单元的内容后，学生各自根据所学知识再独立完成一篇主题习作。在接龙写作的过程中，学生彼此交流分享、相互碰撞，通过学生自助、组员互助、教师协助的过程，让学生在写作上有所启发、有所收获。

裴斯泰洛齐说："教学的主要任务不是积累知识，而是发展思维。"将知识作为载体来发展学生的思维和培养学生的能力，作业的设计成为教学环节中的重要步骤。因此，我们应在作业训练中引领学生走出传统教育的重压，用贴近生活的、生动有趣的、拓展延伸的、形式创新的作业去洗涤传统抄写型作业中的尘埃，让学生在自由广阔的空间里拥抱知识、发展思维、展露才华、收获快乐。

（深圳市坪山实验学校　李晗）

让文本解读回归平实

——论阅读教学"多元解读"的误区及对策

语文新课标在阐释语文教育的特点时，明确指出："语文课程丰富的人文内涵，对学生精神领域的影响是深广的，学生对语文教材的反应又往往是多元的。因此，应该重视语文的熏陶感染作用，注意教学内容的价值取向，同时也应该尊重学生在学习过程中的独特体验。"毫无疑问，在语文课堂上提倡学生对文本阅读进行"多元解读"，鼓励学生多说、敢说，尽可能发表不同的见解是出于对学生是学习主体的尊重。然而随着"多元解读"的深入展开，部分教师为了不扼杀学生的学习积极性，当学生对文本意义的理解明显出现偏差时却置若罔闻，误以为"多元解读"就可以任凭学生"独特体验"，致使教学滑向了价值取向不清晰，学生虽有大胆质疑精神却无严谨求真的科学态度之结果。

一、"多元解读"的误区

（一）"多元"无界

阅读的过程是一个有多种因素介入的复杂的动态活动过程，是一个读者与文本相互作用建构新的意义的过程，每一个读者由于其自身的文化素养、认识水平、审美情趣等的不同会有不同的解读结果，同一文本不同的主体在不同的历史时期都可能做出不同的创造性解释，这是"多元解读"的基础。然阅读过程也是一个不断逼近和还原作者创作意图的过程。每一个作品在创作之初就已经熔铸了作者在当时历史背景下特定的思想、感情、判断等，这些是作者赋予作品的本来的灵魂，是优先于读者的存在，如果我们抛开对作者创作主旨的探寻，盲目地追求有"新鲜"感的东西提炼出来，这无疑是对每一份优秀作品的轻视。因此，精研文本，立足文本便成了"多元解读"的前提，也是边界。正如叶圣陶先生在《语文教学二十韵》中所强调的"作者思有路，遵路识斯真。作者胸有镜，入境始与亲"，只有尊重文本，引导学生从文本处出发，根据文本的作者、时代背景和相关语境展开与文本的对话，才能使"多元解读"在课堂教学上开出绚丽的花朵。明白了这一点，课堂上就不会出现把《背影》中的"父亲"的行为看成违反交通规则、把《景阳冈》中武松打虎的英勇举动误认为他不珍爱野生动物等笑话，因为20世纪初旧中国的交通状况和公众交通安全意识与现在根本不能同日而语，而再久远一点，武松打虎那个年代是老虎经常吃人的年代，武松打虎是英雄本色的体现。若是把学生脱离文本实际的指责当作其对文本的创造性解读则实在滑稽可笑。

（二）对学生的个性化见解重鼓励、轻引导

新课标要求教师尊重学生在课堂上的主体地位，将课堂的话语权还给学生。在阅读教学中提倡发散与多元，强调学生的自由理解，这对活跃学生思维、开发创造力尤其重要。基于这个出发点，对学生的个性化见解多数教师都是持鼓励赞赏的态度，以致当学生的见解出现偏差时也要绞尽脑汁找到其亮点予以肯定而不愿纠正，怕的就是打击学生的学习积极性。甚至有老师认为只要跟文本不是毫无关系，任何的解读都是在合理范围内的，是应受欢迎的。这种以不打消学生努力创新的积极性为首要原则的态度，使得学生走入了这样一个误区：文本的解读可以是任意的。

多元解读确实是培养人才的必要途径，但如果当学生提出某个见解是没有根据的，甚至是与作者写作意图南辕北辙的错解而老师不加以引导时，"多元解读"可能会成为消解科学精神的利器，学生沉浸在"大胆的假设"获得了肯定的喜悦中，却忽视了"小心地求证"才是接近真理的唯一途径。因此，作为教师应当时时鼓励学生敢于说出与别人、包括与老师不同的想法，要支持学生在现成的答案之外探寻新解，但是，也不能一味追求见解的多样性，甚至对各样的看法做无原则的肯定，说这也合理、那也正确，否则，必要观念和标准的缺位将有可能让教学中的文本对话变成无效的交流。

二、"多元解读"的教学对策

(一) 教师要深入研读文本，做好教学预备

语文文本多元解读的教学实施首先要求教师必须具备多种文本解读的意识、理论及方法，才能在教学过程中游刃有余地发挥其主导作用。教师只有在备课过程中，结合作者所处时代背景及生平经历，细致入微地揣摩文本，挖掘文本的主旨内涵，才能不断站上更高的层面来对文本进行多重解读。教师只有"深入"和"厚积"，才能在课堂上从容应对学生形形色色的解读，恰当及时地对学生进行引导、点拨、指正，以整体掌控多元解读的走向。

例如，在教学《落花生》一文时，不少教师都会提到一个问题："从落花生身上，你得到了什么启示？"A学生认为落花生虽然不好看，但很有用；B学生认为像桃子、石榴、苹果那样的人更优秀，因为外表好看，而且实用。有的教师也许会抓住文本原始的价值取向不放，强调做人更应该像落花生学习，默默无闻，无私奉献。而有的教师则不断引导点拨学生深入思考："落花生无私奉献的精神很可贵，但它一味等待别人来发现的思想不可取，因为如果没有人发现，不就埋没一生了？因此，我们既要学习苹果、桃子、石榴那样表现自我、展示才华的勇气和自信，也要有落花生那样脚踏实地、韬光养晦的精神。张扬也好，内敛也好，有一样东西是不变的，那就是做人要做有用的人。"显而易见，第二位教师的文本解读更有时代意义和理性价值。作为教学活动过程中的先行者，如果教师不能严格要求自己，以一个发现者的眼光对文本进行深度思考，在课堂上也难有出彩的点拨和引领。

(二) 巧设教学流程，培育多元化解读的土壤

因为教学主体的不同、教学内容的变化、教学环境条件的差异，致使每一堂阅读教学课的具体过程各有千秋，但抛开具体教学环节的操作，就如何创造"多元解读"氛围不外乎以下基本的教学流程。

其一，巧妙导入，设疑启思。在初读文本时，教师要精心设置导入环节，既要符合文本的规定情境，又要根据学生普遍的情感体验找到切入口，也可设置一些总领性的问题，激起学生探究欲望。例如，人教版语文第十二册中《跨越百年的美丽》一文，笔者在导入时便抛出"究竟是怎样的一份美丽才能抵抗时间的流逝，历久弥新"的问题，显然，此"美丽"非我们平常所说的"美

丽"，这个问题既立足于教学目标对"美丽"内涵的探讨，又能激发学生带着思考走入文本寻找答案。

其二，品词赏句，细读文本。汉语言文学可谓是世界上最朦胧、最具多义性的语言。因此，为了从源头上避免"多元解读"的泛化，必须对文本的字词句意象等基本内涵有一个清楚的了解，而文本中个别能反映文本主旨的重点语句更需要细细品读。让学生联系课文具体的语言环境或自己的生活经验进行感悟，以深入文本的情感世界，在与作品、作者的对话中提炼出独特的阅读启发。

其三，讨论交流，拓展延伸。延展性讨论、解析是语文课程的一种教学拓展行为。新课程理念下的课堂教学不再是一个封闭的圆，教材变成了射线的点，借助这个点进行思考，它应承担起衔接学生认知板块相互融合的作用。通过拓展，学生进一步沟通相关资源，活化文本思维，增强对文本的感悟。拓展的方式有多种，如介绍作者相关生平事迹和其他作品，如从教材文本联系到生活中的问题引导学生加以思考和解决，如选取同一题材的其他作品作比较阅读等。

"一千个读者有一千个哈姆雷特"，然而总还是莎士比亚所描写的哈姆雷特的反映，彼此在某些细节上难免会有些差别，而在基本性格上还是那个哈姆雷特，不可能成为堂·吉诃德。提倡"多元解读"否定的是用任何一种统一的标准来限制师生的个性化解读，但也不等于自由化，完全摒弃了语文阅读教学的真实和边界感，若能避开"多元解读"的误区，让"多元解读"孕育更有创造性品质的阅读，这样的语文阅读教学才能更加平实，相信学生也能在此过程中张扬个性，培养创新性思维。

（深圳市坪山区金田小学　郑洁莹）

低段学生如何培养良好的阅读习惯

"老师，我家的娃都不愿意读书。"

"我买了很多书给他，他就是不愿意去看，宁愿玩玩具。老师啊，你能不能帮我说说他，让他多看看书呢。"

"老师啊，他有很多字都不认识，每次都要我陪着才愿意读。"

相信，作为教师的你们，也一定遇见过如此的对话，遇见过这样的恳求吧。面对家长们的诉求，你们也定会为了让刚刚步入小学的学生如何爱上阅读而绞尽脑汁，但是常常感到心有余而力不足。那么，作为教师的我们该怎么样去改变学生有书却不愿读的局面呢？

作为一名工作在教育一线的语文教师，面对学生参差不齐的阅读状态，我也头痛不已。但是，作为教师，我们要懂得运用各种各样的方式，让学生喜欢上阅读，从而养成较好的阅读习惯。

一、端正阅读理念是首要

我认为，正确的阅读理念对于小学低段的学生来说是尤其重要的。如果没有形成正确的阅读理念，即使教师、家长再三地要求学生进行相关的阅读都是无计可施的。

第一，克服阅读的功利性

在培养学生阅读习惯的过程中，我们要避免功利性。急功近利的阅读，会让学生在阅读中迷失方向，并让其陷入一种恶性循环中。为此，良好阅读习惯的养成，不能有急于求成、一蹴而就的思想。

我们需要明确：阅读是为了让学生获得新的感受、学会新词的使用、懂得恰当表达。同时，阅读名人的文章，是为了丰富自己的生活体验，增加自己对生活感受的积累，广泛的、不带功利性的阅读，才能让人在阅读中有所收获。

第二，避免阅读的盲目性

在阅读的旅途中，作为学生阅读路上的引导者的我们，不能让学生陷入那种被动学习以考试为中心的被动阅读模式中去，而需要培养他们正确的阅读观。阅读并不是为了学习而进行的阅读，是为了让自己变得更好而进行的阅读。毕竟阅读是一种积累，无法速成速长的。

我们可以鼓励学生，根据自身的需要规划好相关的合理阅读，不能因为阅读而进行阅读，这样就让阅读失去了它的魅力。同时，我们还可以跟学生做好约定，阅读结束后需要简单说说感受。

同时，我们需要从实际出发，告诉学生：欣赏文章，能有自己的情感体验，初步领悟作品的内涵，从中获得对自然、社会、人生的有益启示。比如在二年级下册的课文《一封信》的阅读中，我们可以引导学生：如果外出工作一个月的是你的爸爸，你终于有机会跟爸爸说话，你会怎么跟爸爸说家中的情况呢？学生有自己的思考，自然会理解文中小女孩的矛盾心理。慢慢地，他们就会对作品的思想有了个人感情倾向，同时也可以联系文化背景做出自己的评价；对作品中的情境和形象，可以说出自己的体验。这些能力绝不是通过简单的课堂就可以获得的，这些需要正确的阅读理念的支撑和引导。

所以，正确的阅读理念的养成对于低段学生阅读能力的形成是极其重要的。

二、恰当的阅读方法是关键

学生已经形成正确的阅读理念，那么，什么样的阅读方法可以让学生形成良好的阅读习惯呢？

1. 朗读不可丢

现代社会阅读的主要目的是获取相关信息、知识，发展智力，从而丰富精神世界。所以，在新的语文课程标准中明确指出："阅读是收集处理信息、认识世界、发展思维、获得审美体验的重要途径。"

由此我们可以知道，"读"具有重要的意义。不懂阅读，就没有办法在信息量快速膨胀的信息时代去获取有价值的内容；没有阅读，从古至今一切优秀的美文、思想、论断等就不可能被发现、吸收并发扬光大。如果不重视读，一切该具备的阅读能力就很难被学生掌握。

例如，在阅读教学时，可以加上对读的理解。教语文部编版二年级上册《妈妈睡了》的第一段时，我是这样处理的：第一句：妈妈睡了。指导学生用轻声的语调朗读，让学生体会到简单的一句话通过不一样的方式读出来，会有不一样的感觉。第二句：妈妈哄我午睡的时候，自己先睡着了，睡得好熟，好香。"哄""熟""香"三个词读稍重音，使学生在朗读中也和小作者一样沉浸在对妈妈的爱中。

众所周知，朗读是学生领略文章蕴含情感的最直接方式，学生富有感情地朗读，本身就对语言文字有敏锐感觉的表现。所以，在阅读时要重视朗读的指导，让学生读出音韵、读出意境、读出情味。

2. 想象不可少

刘勰认为"文之思也，其神远也""寂然凝虑，思接千载；悄然动容，视通万里；吟咏之间，吐纳珠玉之声；眉睫之前，卷舒风云之色"。通过刘勰对想象的描述，我们可以知道，想象可以愉悦人的身心，还可以给人们的继续阅读带来不竭的动力，更加显示出想象在阅读中的重要性。

综览儿童阅读书目可知，想象在阅读中是不可或缺的。比如我们熟知的《山海经》一书，鲜有文字介绍，却有着丰富的图画。如果想要向别人介绍文中的图画，那就需要进行相应的语言描述，这不仅需要学生的语言组织能力，还需要他们对画面的想象力。只有想象不停，才能收获不一样的阅读体验。

因此，重视学生在阅读过程中的想象，不仅可以促进阅读，还可以加以语言训练的力度。

3. 体验要加强

新课标把"尊重学生在学习过程中的独特体验"视为"正确把握语文教育的特点"之一。在总目标中也特别强调要"注重情感体验"。因此，真正有价值的学习，是以学生个体体验为基础的，是学生对知识主动建构的过程，是学生在阅读中行为、认知和情感的整体参与。

作为阅读的主体，学生在阅读中所产生的认知、情感、意志、行为的亲历、体验和验证，对于实现阅读中形成和发展的人文素养，为学生的全面发展和终身发展打下基础。在语文部编版二年级上册《乌鸦喝水》一文中，学生们在阅读时肯定会产生疑问：小小的瓶口，为什么乌鸦最后喝到水了？因此我让学生们通过简单实验，往瓶中加小石子的方式，模拟书中乌鸦喝水的状态。如此一来，学生在阅读上就更有兴趣了。

阅读的内容并不局限于书本，还需要来自生活，如去参观、访问或者参与社会实践活动、义工服务等，学生的视野开阔了，见闻增广了，在阅读中就能产生不同于他人的感受了。

三、良好阅读习惯是目标

2022年版《义务教育语文课程标准》中指出阅读是语文教学的中心环节。由此我们可以知道阅读的重要性。

阅读是一种求知行为，也是一种享受。所以，读书指导不能缺席，它是垫好学生阅读习惯的基石。我们常常跟学生强调要好读书、读好书，但很少予以指导，所以学生对于读书处于盲从，难以成"型"。常言道："不以规矩不能成方圆。"所以我们要向学生推荐适合他们读的书籍，教给他们恰当读书的方法，让他们成为一个会读书学习的人。徐特立说过"不动笔墨不读书"，因此，在阅读的时候，让学生养成良好的习惯，例如：勤动笔勤思考，抓住重点，深入理解；做好好词佳句的摘抄、记好笔记，并鼓励他们及时写下心得体会。从本质意义上讲，阅读的过程就是思维的过程。这样一来，学生读书积累就有了目的，写作实践也能得到历练，思维感悟也可以得到提升。例如，在阅读《朱德的扁担》之前，让学生读一读了解下战争年代发生的事件，有意识地向学生介绍人物和有关的奇闻逸事，向学生介绍朱德的扁担的相关背景故事，从而激发他们主动阅读和积极探究的兴趣。

同时，我们还要在平时的阅读行动中不断加强学生良好阅读习惯的养成。在疫情期间，因为不能开展正常的教育教学工作，学生的学习和阅读习惯都已经慢慢丢失。为了重新培养他们的阅读兴趣，我便跟学生做了相关的阅读约定。我们利用班级QQ群里的相关小程序，设置相关的打卡功能，并规定21天为一个周期。每当一个周期的打卡活动结束后，我便会对学生进行相应的表扬和鼓励，同时奖励小礼品。慢慢地，学生的阅读习惯在不断地好转，从而影响了他们的学习状态，家长们纷纷向我反馈，孩子在家能安静学习了。

叶圣陶诗云："天地阅览室，万物皆读书。"当今社会，我们的阅读对象要从纸质书向电子书、无字书等延伸，阅读的方式也要从课堂的教学向课堂以外的一切形式扩展，还需要积极引导学生走出校门、家门，去领略大自然的美好。养成良好的阅读习惯，对于学生在未来的学习和生活会有更大的帮助。

（深圳市坪山区六联小学　刘灏东）

浅谈中小学语文古诗词教学的新思路

中国是诗词的国度，其中，唐诗和宋词更是中国诗词发展的高峰。唐诗宋词是中华民族灿烂文化中无与伦比的瑰宝。众多的名品佳作不仅蕴含着丰富的中华传统文化，而且一篇篇优秀的诗词背后有着诗人伟岸的人格和饱含的深情。高雅的古诗词教人陶冶心灵，它能促进人的审美能力的提升，它能完善人格，教人探寻真善美。因此，中小学生学习古诗词的重要性不言而喻。

一、中小学语文古诗词教学现状

（1）长期以来，古诗词在中小学语文教材中有着重要的地位。但在应试教育的背景下，古诗词的教学落入"重知识轻感悟，重背诵轻朗读"的俗套中，学生对待古诗词只有机械化地识记和背诵，久而久之，古诗词在学生的心目中丧失了其固有的魅力。

（2）《文心雕龙》中言道：凡操千曲而后晓声，观千剑而后识器。大量研读历代的名品佳作，有利于提升学生的文学欣赏能力，在潜移默化中也有利于学生完美人格的塑造，但纵观人教版教材中古诗词的篇目基本一册4首，一个学年总共8首，这样的阅读量如同杯水车薪，是远远不够的。

在传统中小学语文古诗词教学的影响下，学生对古诗词的认识停留在识记、背诵的层面，无法感受古诗词的美，导致对古诗词的兴趣不浓，对于经典的积累更是匮乏。学生无法亲近古诗词，也就无法体会古诗词之美，文化的传承令人担忧。当今的语文教学，应为古老的中华文化注入一股新鲜的活力，让传统文化的魅力历久弥新。

二、如何改变现状

基于上述情况，教师如何提高学生对古诗词的兴趣和扩大古诗词的阅读量？再者，教师在有限的课堂里怎样去实现这些目标呢？下面，笔者将结合例子浅谈小学古诗词教学的新思路。

1. 古诗新妆，焕发新生

文化长河本一脉相承，又在传承中迸发新的生命力。前有白居易的《长恨歌》，后有洪昇的《长生殿》，文化的传承和创新理应如此。张学青老师在教学《枫桥夜泊》一课中，引入流行歌曲《涛声依旧》，学生在欣赏歌曲的同时感受到了《枫桥夜泊》原有的诗情和文化。词曲作家陈小奇在古诗《枫桥夜泊》的基础上，用新的方式继续延续了它的魅力，展现了汉语的韵律和汉字的魔力。在课堂的尾声推荐阅读书目《唐诗名译》，书里皆是以名篇为基础改写的新诗，以此鼓励学生试着用新诗的形式改写古诗，让学生在理解与感悟的基础上进行大胆创新。

例：

凉州词

王翰

葡萄美酒夜光杯，

欲饮琵琶马上催。

醉卧沙场君莫笑，

古来征战几人回？

凉州词

绿原

酒，酒，葡萄酒！

杯，杯，夜光杯！

杯满酒香让人饮个醉！

饮呀，饮个醉——

管它马上琵琶狂拨把人催！

要催你且催，想醉我且醉，

醉了，醉了，我且枕戈睡。

醉睡沙场，谁解个中味？

古来征夫战士几个活着回？

盛新凤老师在教学《天净沙·秋思》一课中通过"读、写、改"等实践活动，让学生理解散曲用"典型、重叠"的意象传情的写作方法。学生掌握后，教师创设情境，提出诗人若高中状元，金榜题名会用什么样的意象，学生在小组合作中创作了一首新的小令。

原词：

天净沙·秋思

马致远

枯藤老树昏鸦，

小桥流水人家。

夕阳西下，

断肠人在天涯。

学生创作的是：

骄阳绿树鲜花。

小桥流水人家。

荣归故里，

得意人意气风发。

学生在进行古诗词的创作过程中对意象作用有了更深的理解，也从中体验到成功，满足学生的自我效能感，从而更加积极主动地亲近古诗词。通过上述两个教学环节，学生深刻感受到文化的渊源是剪不断的，古诗词并不陌生，它与我们的距离并不遥远。古诗词的魅力在言传与意会中滋长。

2. 古今共情，拓展延伸

在传统的古诗词教学下，学生已经厌倦了陈旧的教学套路。教师应当有创新的教学设计激发学生的学习兴趣，如古诗词的教学可以以主题的形式呈现，一方面能拓展学生的视野，丰富古诗词的积累；另一方面通过主题式的编排有助于学生对诗歌的理解。

　　张学青老师将两首以江苏地区为背景的思乡诗《思吴江歌》和《枫桥夜泊》整合在一起，后以《他乡客，秋思情》为题进行教学。《舌尖上的中国》最大的魅力在于通过寻常百姓家的饮食习惯展现了博大的中华文化。在张学青老师的《他乡客，秋思情》的教学中，通过江苏的鲈鱼、莼菜，切入诗人的乡愁。在这里，乡愁不再是虚无缥缈而是看得见、摸得着的浓浓的乡愁，是家乡正当季的鲈鱼，是家乡寻常的莼菜，更是饱尝佳肴的欢声笑语，纵然我心思未远，但身隔千里愁难解。学生从中体会到诗人张翰《思吴江歌》里切切实实的思乡之情。这节课中，教师运用教学智慧结合地域的文化对教材进行处理，让学生从另一个角度学习古诗词。

　　再者，如赵志祥老师以《送元二使安西》为起点引出《黄鹤楼送孟浩然之广陵》《芙蓉楼送辛渐》《南浦别》《别董大》等离别诗，从这些离别诗中感受其情感和意象的共性，如杨柳这个关于送别的意象可以追溯到《诗经·小雅·采薇》，写作手法和场景的个性，如水边钱别、长亭钱别、路上钱别、酒楼钱别。自然而然，拓展传统文化中关于古人送别的礼仪、折柳的含义等，在教师的引导下，学生溯古追今，在文化的长河中快意潇洒。这样的古诗词教学让语文的课堂容量满满，学生的视野大大开阔，通过这节课的学习，学生切切实实感受到传统文化的魅力。

3. 吟诵感悟，音韵古香

　　过去诵读诗歌有比较固定的停顿方式，比如七言惯用二二三，五言惯用二三。当前的诵读教学应当淡化这一点，因为这样的停顿方法并不适用每一首诗歌，但仍有较多教师习惯用这样的诵读方式，这样形式化的读诗方法会让古诗词丧失固有的魅力。当前，有一批教师提出应对古诗进行吟诵，何为"吟诵"？简而言之"平长仄短韵字延"。《毛诗序》："诗者，志之所之也，在心为志，发言为诗，情动于中而形于言。"诗歌的产生本是情动所致，它是文人墨客情感的自然抒发。读诗时，当有"天涯共此时"之感，读者能跨越时空感受诗人背后崇高的人格和饱含的深情。教师在教授学生读诗时应从诗歌本身的字义、情感基调出发，打破形式化的诵读，从而让学生感受古诗词韵律的绵长、变化之感。

　　古诗词作为一种发展成熟的艺术，有其遵循的规则。教师在教学中要让学生了解相关古诗词的知识，如诗词的格律、意象等，但中小学语文的古诗词教学应当注重激发学生学习古诗词的热情，不宜过于晦涩难懂，不宜要求学生逐字翻译，因为这样会削减诗歌本身的魅力。人类的情感具有共性，它能穿越时空。当今古诗词的教学不要割裂了普罗大众与诗歌的情感联系。教师在教学时应当联系学生的生活经验，鼓励学生读诗、仿写诗、创作诗。教师要灵活处理教材，创新处理教材，运用教学智慧挖掘诗歌的魅力，让学生亲近古诗词，热爱古诗词。

（深圳市坪山区金田小学　曾嫦凤）

第二部分

平实案例

词语的温度从哪来

——以《丑小鸭》的教学为例

所谓"文字有温度，字词知冷暖"。低段教学的重点在字词，让孩子触摸词语的温度，无疑最为考验教学的功力。那么，词语的温度从哪儿来？近日观摩浙江名师余鹏教学二年级下册《丑小鸭》一课，余老师以文本中叠声词为教学重点，从儿童视角出发，依托文本、联系生活，使叠声词的声、形、义鲜活形象地在孩子心里绽放。孩子学得兴趣盎然、轻松有效。这节课启示我们，词语的温度，来自文本的气息，来自生活的气息，来自儿童的气息。

一、词语的出场带着文本的气息

课堂回眸：出示生字卡片，读文并学词

师：（出示卡片：暖烘烘）太阳暖烘烘的，草堆里也是（生：暖烘烘的），鸭妈妈的心里更是（生：暖烘烘的），因为它的宝贝孩子快出世了。

师：（适时出示卡片：蛋壳、破壳而出、空壳、裂开）一只只小鸭子从蛋壳里钻出来了，这就叫（生：破壳而出），然后这个蛋就成了（生：空壳）。

师：一个特别大的蛋，过了好几天才慢慢裂开，钻出一只又大又丑的鸭子。他的毛（生：灰灰的），嘴巴（生：大大的），身子（生：瘦瘦的），大家都叫他（生：丑小鸭）。

所谓"字不离词，词不离句，句不离文"，这充分说明了语境对于语言学习的重要性。汉字是一连串的符号，单独出现虽也有一定的意思，却未必有意义。由此，生字词的学习必须置于鲜活的语境之中，置于文本的动态运转中。学生一开始就进入文本的"剧情"，词语的亮相和文本关系的交织应该是自然的，学生在阅读文本的过程中不知不觉就接受了新的词语。正如本课的生字词，它们不是孤零零的出现、不是硬挺挺的独处，而是带着文本的气息，有特定的情境，有具体的内涵，有鲜明的形象。在文本的气息里，"暖烘烘"不仅指向"太阳"，也可以形容"草堆"，更可以直指"鸭妈妈"内心的幸福。在文本的气息里，"壳"字不仅指文本中的"蛋壳"，更可以衍生出"破壳而出""空壳"等词语。生字的首次亮相，如此隆重而富有角色感，如此惊艳而富有形象感，浓墨重彩地镌刻在孩子的心里。这样的词语，才是有温度的。

以上案例启示我们，词语的出场不是随意的，而是建立在对文本科学解读，结合教学目标有机取舍的基础上的。

（1）敏锐捕捉出场的内容，即哪些词语是需要浓墨重彩地呈现的，这其中包括生字词，也包括富有个性的语言现象，如本课中的叠词。

（2）恰到好处地把握出场的时机。要避免识字与阅读的相互干扰。忽文忽字，停停落落，容易破坏教学场。由此，要清晰掌握词语与文本的关系，让词语的出现自然而不生硬。

（3）灵动地选择出场的方式。不管是随文带词，还是以词带文，其考虑的出发点在于方便孩子的学习，案例中，"暖烘烘"的呈现体现为对词语内涵的理解——不仅指外在的天气，更可指内心的幸福；"壳"的呈现体现为对词语外延的补充——从"蛋壳"中"破壳而出"及至剩下"空壳"，这样的出场方式，帮助孩子更好地理解了课文，更有利于孩子的学习。

二、词语的锤炼富有生活的气息

课堂回眸：品味叠词，感受小鸭的丑与美。

1. 对比"哥哥姐姐们"，理解"美与丑"

师：身材瘦不是挺好看的吗？（出示课文插图一：丑小鸭与美小鸭们站在一起），说说哥哥姐姐们长得怎么样，他们的毛＿＿＿＿＿，嘴巴＿＿＿＿＿，身子＿＿＿＿＿，＿＿＿＿＿。

生：他们的毛黄黄的，嘴巴小小的，身子胖胖的，大家都叫他们美小鸭。

师：从这些叠声词中我们可以读出，丑的真的很丑，美的真的很美！

师：老师把描写丑小鸭的词语换一下位置，你有什么不一样的感受？

课件出示：（1）他的毛灰灰的、嘴巴大大的、身子瘦瘦的，大家都叫他

"丑小鸭";（2）他有灰灰的毛、大大的嘴巴、瘦瘦的身子，大家都叫他"丑小鸭"。

生："灰灰的、大大的、瘦瘦的"，放在句子的后边，更容易记住，读起来更舒服。

2. 对比白天鹅，体味"美与丑"

师：（出示课文插图二）当这一切都过去了，冬去春来，丑小鸭来到湖边，他忽然看见镜子似的湖面上，映出一个漂亮的影子，他有（生：雪白的羽毛，长长的脖子），还有……（生：大大的翅膀）还有……（生：红红的嘴巴，圆圆的眼珠子），漂亮极了。

作为教学内容的主角，词语的出现不是昙花一现，而是始终处在舞台中间的。丑小鸭与美小鸭的对比，丑小鸭与美天鹅的对比，背后就是叠声词的多次出场。选择叠声词作为训练重点，是准确把握了文本的特征及儿童的生活实际的。就本文来讲，丑小鸭的"丑"，从外形上就体现在"灰灰的""大大的""瘦瘦的"等叠声词中，叠声词是本文最重要的语言现象；就学生实际来讲，叠声词本就是儿童生活的语言。如何让叠声词的训练推动对文本的理解，让孩子切实掌握叠声词的表达方式呢？本课教学给我们的启示是——链接生活！二年级的孩子，有其"美与丑"的生活体验和审美判断，再配上文本鲜明的插图，这就让孩子在描述丑小鸭、美天鹅的过程中，有了自己的叙述个性，也让孩子在鉴赏叠声词摆放位置的过程中，有了基于生活表达经验的个性判断。由此，这些朗朗上口的叠声词就有了鲜活的生活气息。在文本气息、生活经验的共同作用下，通过一系列训练，叠声词的涩味渐淡，逐渐地在孩子心里生根发芽，开出美丽之花……

链接生活品味词语，不是简单地把生活与词语对接，而是在文本中发现生活，把生活的源头活水引入文本，促进理解，努力使学生获得关于词语与文本理解的实际获得感。①精准地捕捉文本与生活的交叉点。有了与生活的交叉，就有了孩子基于生活经验对词语的理解，利于孩子对词语的掌握。案例中以叠声词作为训练重点，就是基于儿童生活语言的实际出发。②细腻地分析儿童的生活经验。儿童是必须蹲下来才能看得真切的，孩子的生活经验必然有其独特的归因方式。正如案例中对于"瘦瘦的"的理解。当减肥、骨感等词汇充斥在大人的世界里时，作为孩子怎会"无动于衷"？由此，教师看似随意的一句

"'瘦'不是挺好看的吗"就有了独具匠心的用意。③借助多种方式激发生活经验。比如借助插图丰富生活画面，借助语言渲染激发想象等。

三、词语的运用指向儿童的气息

课堂回眸：看图写话，领悟叠声词的妙用

1. 看图写话，初用叠词

师：原来丑小鸭是一只漂亮的白天鹅啊。天鹅真美！同学们请看图，天鹅周边的环境也很美呢。谁来说说？出示：湖水_____ 柳条_____

生：湖水青青的、绿绿的、柔柔的，柳条长长的、懒懒的、细细的。

2. 想象写话，再用叠词

师：一切似乎都变得那么美，周围的景象又是怎样的呢？发挥你的想象，用上叠声词美美地描述一下。出示：这时候，他再看看身边的一切，似乎都变得那么美好：阳光暖暖的，天空，风儿_____，露珠_____，草芽儿_____，_____，还有小伙伴们的笑容都是_____！

生：阳光懒懒的，天空蓝蓝的，风儿柔柔的，露珠滚滚的，草芽儿绿绿的，鸟儿们的叫声叽叽喳喳的，小伙伴们的笑容都是甜甜的。

苏霍姆林斯基说，儿童是用形象、色彩、声音来思维的。在看图写话中，孩子的叠声词之所以如汩汩细流喷涌而出，那是因为作为孩子咿呀学语时就会用的叠声词，带着厚厚的儿童印记，有着鲜明的儿童气息。这种气息所体现的，就是鲜活的形象、鲜艳的色彩和优美的韵律。文字与形象融合，与色彩交汇，与韵律同生，鲜活地绽放在儿童的生命视野，这就是词语的温度。于是，我们看到，在孩子的表达过程中，文字，就像一场与儿童生命的相遇，碰撞出了智慧的火花，在童真童趣童言中，课堂精彩不断，诗意自然流淌。选择叠声词作为教学重点，从学到练再到用，线条清晰，逐层推进，词语的学习力透纸背，文本的理解水到渠成。教学，真正达成了情与艺的相融相生。

这就启示我们，要让孩子真正触摸词语的温度，要求教师要有鲜明的儿童视角。儿童的世界，潜藏着大人们并不熟悉的生命密码，这是儿童的天性所在。教学就是要遵循这种天性。①用形象丰盈理性认识。低年级儿童的思维基本上是形象思维，而词语的内核却体现为一种理性的认知，由此，必须借助一个个的形象去达成对于词语不可言说的理性认识。②用想象去丰满空白。儿童想象的空间广阔灿烂却并不自觉，需要在教学中被激活。案例中呈现的想象的方法，就是一种有效的激活手段，促进了孩子对叠声词的掌握。③教学力争体现一种诗性。儿童语言具有天生的诗性，文本语言又是如诗如画，这就为呈现诗性的语言课堂提供了可能。教学就是要努力体现一种诗的意境，让字词变成一幅画，让画面的呈现斑斓多姿，达成字词韵律美和形象美的和谐统一。

综上所述，词语教学，要力争让孩子触摸语言的温度，在孩子学习词语的过程中，用科学的文本解读，努力让词语呈现文本的气息；用鲜活的生活理念，努力让词语呈现生活的气息；用鲜明的儿童视角，努力让词语呈现儿童的气息。唯有此，才能真正让"语言有温度，字词知冷暖"。

（深圳市坪山实验学校　庄泳程）

倾听文本的细微声响

——《七颗钻石》文本解读

一、解读文体

这是一篇童话。童话通过丰富的想象、幻想，运用夸张、象征等手法编写故事，往往传递一种美的精神，表现一种人类普遍的愿望。从一定意义上说，童话是写给儿童看的。所以，教学上激活童趣、丰富形象、激发想象、渗透美感就成了教学的主要抓手。这，也是童话文本解读的抓手。

二、文本细读

原文：很久很久以前，地球上发生过一次大旱灾，所有的河流和水井都干涸了，草木丛林也都干枯了，许多人及动物都焦渴而死。

解读1：环境描写，交代背景。"干涸""干枯""焦渴"生动说明"旱灾"的程度。"干涸""干枯"二词，不仅准确描述了河流、草木在旱灾下的境况，"涸""枯"分别指"水的凝固""木的作古"，更为鲜明与形象。教学上可通过换词比较其准确性、形象性。"焦渴"之"焦"，意指小鸟在火上烤，更是深刻说明"旱灾"之严重。对"焦渴"最直接的解读无疑是文本中的几个角色状况：急切想喝水却一次次忍着让与别人的姑娘、躺在地上哀哀尖叫的小狗、生死线上的母亲、硬着头皮讨水喝的路人。教学时可让孩子说说，文中描写了四个角色，哪一句话能让人体会到他们的"焦渴"，以加深对"焦渴"的理解，并为后续教学做铺垫。

原文：一天夜里，一个小姑娘拿着水罐走出家门，为她生病的母亲去找水。小姑娘哪儿也找不着水，累得倒在沙地上睡着了。当她醒来的时候，拿起罐子一看，罐子里竟装满了清澈新鲜的水。小姑娘喜出望外，真想喝个够，但又一想，这些水给妈妈还不够呢，就赶紧抱着水罐跑回家去。她匆匆忙忙，没有注意到脚底下有一条狗，一下子绊倒在它身上，水罐也掉在了地上。小狗哀哀地尖叫起来。小姑娘赶紧去捡水罐。

解读2："一天夜里"这是一个容易被忽视的细节。为何不在白天出发，不是更安全，更容易找到水吗？联系下文的母亲"快要死了"可知母亲病得严重，全文没有出现"父亲"，更可以想象这有可能是个残缺的家庭。那么，夜里出发就有了可充分想象的空间：白天，小姑娘一定忙着照顾母亲，无暇分身；白天，妈妈醒着的时候，一定不放心小姑娘出门，一再阻止；小姑娘很可能是哄着妈妈睡着之后偷偷出门。这样的想象与补白中，母爱、孝心等一切感人的情感因子就形象了、丰满了。

解读3："小姑娘哪儿也找不到水"，背后有大量的空白可以补充，但是教学中的想象与补白如何更有教学意义呢？首先，必须扣住"累"字，抓住小姑娘累的形象说具体；其次必须扣住"干涸、干枯、焦渴"等词语，抓住旱灾留下的满目疮痍的环境说具体。这样的想象，一能丰富女孩"孝"的形象，二能丰盈旱灾"灾"之程度，三能活学活用"干涸"等新词，四能训练孩子在想象中有目标、有画面、有形象地进行表达。

解读4：神奇出现了。"竟""满"二字突出了惊喜。然而虽然童话总是在丰富想象和夸张中隐去了自然的合理性，但孩子总不免会问"水从何来"这是孩子天性使然。教学的时候，思维的起点也必然要指向语言文字，指向文本的字里行间。如能联系上文的"一天夜里""累得倒在草地上睡着了"等细节，得出的结论方能有根有据，方能水到渠成。同时，这样的联系也是对上文学习的一次反刍，让孩子明白，文本中每一个字词的摆放都是有作者独具的匠心的。

解读5：此处中"抱""绊""掉""叫""捡"等动词用得干净利落，没有多余修饰，毫不拖泥带水，表现出一种急促的节奏。侧面体现了姑娘的归心似箭，同时表现意外的突如其来。教学中可适时引导关注。

原文：她以为，水一定都洒了，但是没有，罐子端端正正地在地上放着，罐子里的水还是满满的。小姑娘往手掌里倒了一点儿水，小狗把它舔净了，变得欢喜起来。当小姑娘再拿水罐时，木头做的水罐竟变成了银的。小姑娘回到家，把水罐交给了母亲。母亲说："我反正要死了，还是你自己喝吧。"她又把水罐递给小姑娘。就在这一瞬间，水罐又变成了金的。

解读6："木头做的水罐竟变成了银的"，这是文中第二次神奇的变化。变化缘于姑娘对于小狗的关爱。"一点儿水""舔净了"两处细节无疑在于凸显水的珍贵，别小看这"一点儿"，焦渴万分的姑娘自己可舍不得喝，若非有无私之爱，是舍不得这"一点儿水"的。这是一种怜悯之爱，纯洁如银。联系上文"绊倒在它身上"，似乎也有因愧疚而弥补之意。文本的细微声响要有意识引导孩子倾听，当然，不必刻意。

解读7："我反正要死了，还是你自己喝吧。"母亲的这一举动，促成水罐第三次神奇的变化——变成金的。缘于这种"让"已不是一般意义的护犊之情，而是一种面临生死抉择时，把生的希望留给孩子，把死的危险留给自己的伟大母爱。这种爱，如金子般珍贵。

原文：这时，小姑娘再也忍不住，正想凑上水罐去喝口水的时候，突然从门外进来一个过路人讨水喝。小姑娘咽（yàn）了一口唾（tuò）沫（mo），把水罐递给了这个过路人。这时突然从水罐里跳出了七颗很大的钻石，接着从里面涌出了一股巨大的清澈又新鲜的水流。

解读8："再也忍不住""凑上水罐喝口水"两个细节，既是对上文的回应，又为下文做了铺垫。表示了小姑娘焦渴难耐，却又仅仅是轻轻"凑"上"喝口水"而已，她还是要把更多的水留给母亲。

解读9："咽了一口唾沫"与"再也忍不住""凑上水罐喝口水"相互呼应、相互补充，凸显姑娘的坚韧与挣扎。在这种挣扎与坚韧中，把"水罐递给了过路人"更有了令人动容的光辉。生命之水让给一个毫不相干的路人，跟让给骨肉相连的母亲表现出的孝爱、让给"绊倒在它身上"的小狗表现出的关爱相比，这种举动更令人动容，这样的爱比人之常情的爱格局更高，这是一种大爱，是一种对全人类的救赎之爱。

解读10："涌"和"水流"二字，真切地阐释了什么叫"爱如泉涌"。"涌"字的出现，不是突然的，是经过一系列的酝酿和累积的，是对姑娘从孝爱到关爱再到博爱的一系列举动的赞誉！而"水流"寓意生生不息，暗喻了姑娘的博爱之举是永恒的，是具有强健的生命力的。这种爱，如钻石般持久恒远。

原文：那七颗钻石越升越高，升到了天上，变成了七颗星星。

解读11："七颗星星"，普照人间，可见在作者心里，只有普照人间的大熊星座才能完成他内心深处对广博的爱的追求。

三、整体解读

（1）基于文本主旨的解读："焦渴"的人生处境中，只有心中有爱，才能得到改变，才能获得奇迹！文中之爱，表现为三个层次：一是亲情之爱，姑娘对母亲的孝爱，母亲对姑娘护犊之爱；二是关爱，姑娘对小狗的关切之爱；三是博爱，对毫不相干之人"舍生取义"之博大救赎之爱！

（2）基于文本意象的解读：水流、钻石、星星是文中三个意象，其终极指向都是爱。"水流"寓意爱如水，滋润人们的心田；"钻石"寓意爱如钻，珍贵持久；"星星"寓意爱如光，永恒灿烂，照亮人们前进的道路！

（3）基于作者视角的解读：鲁迅先生曾经赞美托尔斯泰说："天才的心诚然是博大的。"那是因为"他所爱的，所同情的就是这些贫穷的人们"。联系《穷人》一课，我们能发现，托尔斯泰的笔触总是时刻触及平民身上那可贵的人性光辉，这是作者平民意识的高贵体现。

四、设计建议

1. 导入背景，以"焦渴"为切入点，一读文本

（1）导入：七颗钻石的故事，发生在很久很久以前，那时候，地球上发生了一次旱灾。

（2）捕捉：（出示第1自然段，读）文段中哪些词语能说明旱灾的严重程度？

（3）对比："干涸""干枯"两个词换一下位置，可以吗？请认真观察"涸""枯"二字，发现什么特点？

（4）品析："焦渴"能不能换成"干渴""饥渴"？理解"焦"字本义——小鸟在火上烤。文中描写了小姑娘、小狗、母亲、讨水喝的路人，文中哪一句话能表现他们的焦渴？

2. 梳理文路，以"变化"为线索，二读文本

（1）导入：童话故事总是富于想象，充满神奇。你认为，七颗钻石的故事最神奇的地方是什么?

（2）梳理:快速浏览,完成表格。

第一次	发生什么	变成什么
第二次		
第三次		
第四次		

（3）结合表格,说说课文的基本内容。

3. 细品文字,以"爱心"为抓手,三读文本

（1）导入:一切奇迹的发生皆有缘由,让我们走进文本,去聆听文本的细微声响,去品味那一次次的感动。

（2）品"一天夜里":故事从一天夜里开始。小姑娘为什么要夜里出发?白天不行吗?请你想象一下,是什么原因,让她选择在令人害怕的夜里出发?

（3）品"哪儿也找不到水,累得倒在草地上睡着了":哪儿也找不到水,想象一下,她都去过哪儿?都看到些什么?你能用上"干涸""干枯"等表示旱灾的词语,说说她看到的景象吗?作者并没有向我们描述姑娘的样子,你觉得此时姑娘应该是怎样的形象?

（4）品"神奇的变化":姑娘醒来后,奇迹一次接一次发生了,请选择你最感兴趣的一次奇迹,结合课文的细节,说说是什么原因促成了奇迹的发生。

（5）对比"不同的水":为什么一开始是"装满了清澈新鲜的水"?最后却是"涌出了一股大的清澈又新鲜的水流",从"满"到"涌",从"水"到"水流",你认为造成这种变化的原因是什么?(结合奇迹变化的原因,适时引导关注"再也忍不住""凑""喝口水""咽了一口唾沫等词语",指向"爱"的对象的不同,点明这是一种更无私、更博大的爱!)

（6）小结:对母亲的孝爱,让水罐神奇装满清亮鲜活的水;对小狗的关爱,让水罐变成了银的,这是纯洁如银的爱;母亲的让水,让水罐变成金的,母亲把生的希望留给孩子,这种爱如金子般可贵;小姑娘忍着焦渴,把水无私让给过路人,使水罐涌出一股巨大的清澈鲜亮的水流。这爱如泉涌啊!

4．回顾全文，试探意象

（1）悟意象：童话故事的另一大特点是象征。如果水代表清澈，寓意姑娘的爱心如水般清澈，那么钻石和星星又代表什么？寓意什么呢？

（2）"焦渴"的人生处境中，只有心中有爱，才能得到改变，才能获得奇迹！

（深圳市坪山实验学校　庄泳程）

勾勒与探微——人物形象品析的两大抓手

第一课时 微课实录

一、教学目标

引导学生通过"这是一段怎样的回忆""这是一个怎样的人物""这是一个怎样的故事"多层次勾勒整体印象；学会运用抓关键词、联系生活、查找资料、制作思维导图等方法，体会人物品质，把握故事结构。

二、教学过程

（一）谈话导入

同学们好。今天开始我们学习第11课《十六年前的回忆》。

还记得我们的单元导读词吗？

对了，文天祥的"人生自古谁无死，留取丹心照汗青。"这两句诗淋漓尽致展示了舍生取义的气节。在上一节课中，我们学习了古诗三首。"何当金络脑，快走踏清秋"表达了保家卫国的决心；"粉骨碎身浑不怕，要留清白在人间"表明了立志清白的品性；"千磨万击还坚劲，任尔东西南北风"揭示了不屈不挠的人格。

舍生取义、保家卫国、立志清白、不屈不挠，这些都是中华民族的精神所在，这些精神，就如血液，流淌在每一个中国人的身上，流淌在每一个爱国的仁人志士身上。今天，我们就跟随李大钊女儿的视角，通过李大钊的故事，去诠释这些精神。让我们走进第11课《十六年前的回忆》。

（二）一段怎样的回忆

师：《十六年前的回忆》一文是李大钊同志的女儿李星华在1943年写的一篇关于父亲李大钊的回忆录。相信同学们已经预习了文章，你觉得，这是一段怎样的回忆呢？你是从哪里得知的？

生1：这是一段时间久远的回忆。我是从"十六年前"这个关键词中得知的。我今年十三岁，作者描写的可是十六年前的事情，时长比我的年龄还多了三年呢！

生2：课文里的我还是一个小孩子，说明作者那个时候还很小。时间那么久，作者那么小，还能清楚地回忆起来，说明这是一段记忆深刻的回忆。

生3：我用一个词来形容这种回忆——刻骨铭心。在课文第1自然段和最后2段，作者一直在强调忘不了那一天，而且又是父亲遇害的事情，这是刻骨铭心的记忆。

师：好一个刻骨铭心啊！你看这个"刻"字，再看这个"铭"字，一个是立刀旁，一个是金字旁，像刀子刻画金属一样深深地刻进骨髓，留在心头，永远也忘不了啊。请同学们读一读文章的开头和结尾，试着找一找他们之间的联系，想一想这样写有什么好处。

（学生朗读）

生4：课文最后两个自然段和开头都谈到李大钊遇害的日期，首尾形成呼应。这是前后照应的写法，强调了作者对往事的难忘，这样写突出了主题，使文章的结构更严谨了。

师：说得真好。同学们，在刚刚的讨论中，你们通过抓住关键词、联系生活、抓文章的开头和结尾，勾画出了李星华心中这一段时间久远、零星模糊却异常深刻的回忆。老师为你们点赞！

（三）一个怎样的人物

师：在正式学习课文之前，先让老师检查一下同学们对生字词的掌握情况吧。

师：请同学们跟着老师读一读这组词语，注意读准字音。

埋头、书籍、幼稚、抽屉

军阀、匪徒、苦刑、魔鬼

避免、僻静、执行、哼（教师带读）

（书写指导："哼"）

师：同学们，咱们要特别注意这个"哼"。"哼"字常用来表示不满的语气，因而是口字旁。仔细观察字形，左窄右宽，右下角是个"了"字。请同学们跟着书法视频书空。

师：请跟着老师再读一组词语，思考一下，从这组词语中你发现了什么？

慈祥、严峻、安定、沉着

旧棉袍、乱蓬蓬、不慌不忙（教师带读）

师：有的同学已经发现了，这些词语都是描写李大钊同志的。通过这些词语，你看到了一个怎样的李大钊？

生5：我从"慈祥"这个词语中看到了一位疼爱家人、和蔼可亲的父亲李大钊。他可能会像我的爸爸一样，总是温柔地对着孩子说话。

生6：透过"旧棉袍"这个词语我仿佛看到了衣着朴素、生活节俭的李大钊就站在我的面前，他的棉袍虽然已经破破旧旧，有些线头甚至都在随风摆动着，但是他却仍然像郑板桥笔下的竹子一样站得笔直。

生7：我从"严峻"一词中感受到了工作时认真负责、一丝不苟，还能敏锐捕捉时局态势的革命工作者李大钊。

生8："乱蓬蓬"这个词描绘出了李大钊先生在被捕后遭受过残暴酷刑的状态，也许敌人对他严刑拷打，也许敌人对他威逼利诱，但是他却从来不曾屈服。而"安定""沉着""不慌不忙"这几个词更是写出了这位革命者在饱受折磨后临危不惧、沉着冷静的态度和形象。

师：从你们的发言中，老师发现你们学会了通过抓住关键词去勾勒出具体的人物形象。看来你们不仅对文中的生字词都有了初步的了解，更对作为父亲的李大钊和作为革命工作者的李大钊都有了具象的认识和感知。老师也给大家带来了一些补充资料，可以帮助我们深入了解这位革命英雄。

师：请同学们按下暂停键，把这段话读一遍。

李大钊（1889年10月29日至1927年4月28日），字守常，河北乐亭人。李大钊同志是中国共产主义的先驱，伟大的马克思主义者、杰出的无产阶级革命家，中国共产党的主要创始人之一。1927年4月6日，军阀张作霖勾结帝国主义者，逮捕了李大钊等80余人。李大钊备受酷刑，却始终大义凛然，坚贞不屈。4月28日，李大钊等20位革命者被绞杀在西交民巷京师看守所内。时年38岁。

三、一个怎样的故事

师：作为中国共产党的创始人与奠基者之一的李大钊同志，这一生为党和国家做出的事迹一定不少。而站在女儿的视角，作者选取了1927年春天到4月28日父亲被害的最后这段时间，又记录了哪些事呢？

师：请同学们按下暂停键，快速默读课文，想想课文围绕李大钊写了哪些事，你印象最深的是什么，并试着画一画课文的思维导图。

生9：根据课文内容，我画了这张思维导图。

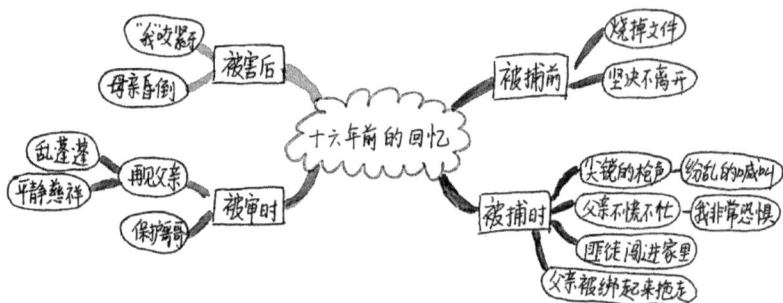

这篇课文采用了倒叙的手法，按照时间的顺序依次回忆了被捕前、被捕时、被审时、被害后的情形。我印象最深的是残暴的匪徒闯进家里这件事。当尖锐的枪声和纷乱的喊叫声响起时，父亲"不慌不忙"，还安慰女儿不要害怕，我感受到父亲的临危不惧。

生10：

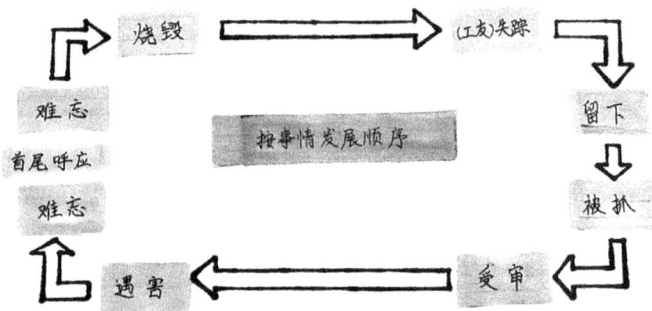

我认为这篇课文是按照事情发展顺序写的，课文开头和结尾首尾呼应，

表现难忘的主题。中间主要叙述了烧毁文件、工友失踪、坚决留下、被抓、受审、遇害几件事情。我印象最深的是，父亲的冷静沉着和匪徒的凶残粗鲁形成了鲜明对比，更加凸显了李大钊英雄无畏的形象。

生11：

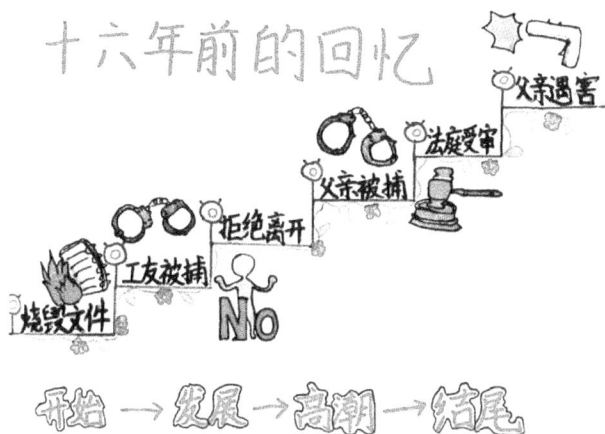

我采用阶梯式来画思维导图，我感觉整个故事是按照开始、发展、高潮、结尾来写的，所以我们的心情是与作者一样的，越来越紧张，就像阶梯一样越来越高。我印象最深刻的是父亲被审的经过。父亲坚定从容，丝毫没有畏惧。

师：太棒了！看到你们的思维导图，老师由衷地佩服，听到你们的理解和看法，老师更为你们感到骄傲。通过概括小标题、制作思维导图的方法勾勒完整的故事，这是一种重要的阅读方法。

同时，通过大家的发言，我们也知道了，对于女儿来说，这是一个痛失慈父的故事；对于革命事业来说，这是一个反动派残害同胞的故事；对于读者的我们来说，这是一个英雄先烈为理想和信念献身的故事。

四、课堂小结

师：学到这里，老师相信同学们对"这是一段怎样的回忆""这是一个怎样的人物""这是一个怎样的故事"都有了自己的理解。回顾一下，我们使用了哪些学习方法去多层次勾勒整体印象的呢？我们可以用抓关键词、联系生活、查找资料、制作思维导图等方法体会人物品质，把握故事结构。在今后的学习中，同学们也可以多多运用哦！下一节课，我们将走进文本，细读课文，感受李大钊高大的人物形象，并学习作者是如何把人物形象写具体的。

同学们，所谓"读书百遍，其义自见"，下面让我们带着对故事的理解和对人物的印象，再一起读一遍课文吧。

最后布置两个作业：

1. 熟读课文；

2. 尝试上网读一读李大钊的相关介绍和故事。

同学们，今天的学习就到这里，下课。

第二课时　微课实录

一、教学目标

抓住描写人物外貌、神态和言行的语句，感受李大钊的可贵品质，并学习塑造人物形象的写作方法。

二、教学过程

（一）回顾导入明晰目标

师：上节课，我们用提取关键词、联系生活、查找资料、制作思维导图等方法体会人物品质，把握故事结构。这节课，我们继续走进课文，品读描写人物外貌、神态和言行的语句，感受李大钊的高大形象，体会他的可贵品质，学习塑造人物形象的写作方法。

（二）记忆中的父亲形象

师：默读课文，用横线画出从父亲的角度描写的细节，思考：你读到一个怎样的父亲？

重点句1：

父亲一向是慈祥的，从来没骂过我们，更没打过我们。我总爱向父亲问许多幼稚可笑的问题。他不论多忙，对我的问题总是很感兴趣，总是耐心地讲给我听。这一次不知道为什么，父亲竟这样含糊地回答我。

引导学生抓住"一向""从来""不论""总是"等关键词，品读父亲的慈爱。同时，引导学生结合课文内容，谈谈自己对"慈祥"的理解。

重点句2：

我奇怪地问他："爹，为什么要烧掉呢？怪可惜的。"

待了一会儿，父亲才回答："不要了就烧掉。你小孩子家知道什么！"

引导学生抓住父亲的没有耐心，极其不同寻常，凸显当时局势之紧张。

小结：父亲虽然一改常态，极其不寻常地敷衍地对待孩子的疑问，但是没有改变我们对父亲慈爱温情的看法，反而更加突出当时局势之严峻、工作之紧张。

（三）记忆中的革命者形象

接下来，请同学们快速浏览课文，用波浪线画出从革命的角度描写的内容，思考：你看到一个怎样的革命者？

重点句1：

父亲坚决地对母亲说："不是常对你说吗？我是不能轻易离开北京的。你要知道现在是什么时候，这里的工作多么重要。我哪能离开呢？"

引导学生抓住反问的修辞手法突出父亲坚决的语气和坚定的立场。

重点句2：

父亲不慌不忙地向外走去。

引导学生联系前文提到的"枪声"和"纷乱喊叫"，以及女儿"瞪着眼睛"的反应，说明当时极其危险的处境，但从"不慌不忙"一词中，感受父亲的临危不惧和镇定自若。

重点句3：

父亲仍旧穿着他那件灰布旧棉袍，可是没戴眼镜。我看到了他那乱蓬蓬的长头发下面的平静而慈祥的脸。

引导学生抓住"乱蓬蓬"和"平静而慈祥"，抓住这种强烈的对比突出父亲的内在精神状态，更显其从容不迫的气势。

同学们，试想一下，李大钊在牢狱中可能会遭受什么酷刑，他又有怎样的表现？请试着用这样的句式来说一说。

残暴的反动派＿＿＿＿＿＿＿，父亲＿＿＿＿＿＿＿。

小结：无论是利诱、酷刑，抑或生死威逼，都无法让父亲说出党的秘密，因为共产主义是父亲坚定的信念，是就算舍弃生命也要坚守的信仰！让我们来读一读这句话——

他的表情非常安定、非常沉着。他的心被一种伟大的力量占据着。这个力量就是他平日对我们讲的——他对于革命事业的信心。

重点句4：

引导学生注意法庭上父亲的两个动作：刚进法庭的"瞅了瞅"，结束庭审时的"望了望"。虽然"瞅"和"望"都有"看"的意思，但是各自的着重点不一样。"瞅"是"仔细地看"，很久没有见到亲人了，想要看看她们有没有受伤，这个字表现了李大钊对亲人的关心和担心；"望"是"向远处看"，李大钊看到了女儿的机智和勇敢，产生了一种寄托和希望，认为党的事业后继有人了，感到非常欣慰。从中感受出这是一个"关心小家"，但更"心系天下"的革命战士！

小结：李星华通过对父亲外貌、神态和言行的描写，勾勒出了一个视死如归、大义凛然的高大革命者形象。这是一种很典型的刻画人物的写作方法。让我们按下暂停键，把这些句子再读一遍，好好品味品味。

（四）我们心目中的李大钊形象

1. 联系课外资料，立起人物形象

拓展材料1：

在帝国主义的支持、张作霖的组织下，1927年4月28日下午，李大钊与另外19位革命者被施以绞刑。他第一个走上了绞刑台，神色未变，从容就死，时年38岁。

拓展材料2：

其实他早已把生死置之度外，无惧死亡，他在《牺牲》一文中写道：

"人生的目的，在发展自己的生命，可是也有为发展生命必须牺牲生命的时候。因为平凡的发展，有时不如壮烈的牺牲足以延长生命的音响和光华。绝美的风景，多在奇险的山川。绝壮的音乐，多是悲凉的韵调。高尚的生活，常在壮烈的牺牲中。"

拓展材料3：

在被捕后的第二天，李大钊写下遗作《狱中自述》，全文2700字，字字血泪，义正词严，被誉为"无产阶级的正气歌"！

"钊自束发受书，既矢志努力于民族解放之事业，实践其所信，励行其所知，为功为罪，所不暇计。"

"今既被逮，惟有直言。倘因此而重获罪戾，则钊实当负其全责，惟望当局对此等爱国青年宽大处理，不事株连。"

拓展材料4：

他为中国革命事业建立了彪炳千秋的历史功绩，《李大钊烈士碑文》这样赞叹道：

"李大钊同志为在我国开创和发展共产主义运动的大无畏的献身精神，永远是一切革命者的光辉典范！"

拓展材料5：

叶挺的《囚歌》就是李大钊大义凛然精神的最好诠释！让我们一起深情诵读一遍，向李大钊同志致敬！

2. 整合课文内容，畅谈内心感受

师：学到这里，你对李大钊又有什么新的认识？请用自己的话来说一说你心中的李大钊吧！

小结：共产主义的先驱者李大钊同志，有着"何当金络脑，快走踏清秋"的豪情壮志，有着"粉骨碎身浑不怕，要留清白在人间"的高风亮节，更有着"千磨万击还坚劲，任尔东西南北风"的坚贞不屈！他用"勇往奋进以赴之""瘅精瘁力以成之""断头流血以从之"的精神，谱写了一篇为共产主义、为人民群众无私奉献的生命华章。

（五）总结深化布置作业

总结：学到这里，我们已经知道了女儿眼中的父亲形象是（和蔼可亲、慈爱）的，女儿眼中的革命者形象是（镇定自若、从容不迫）的，而作为读者的我们眼中的李大钊形象是（高风亮节、大义凛然）的，通过这样多角度的细读，我们触摸到人物的温度，感受到人物的心跳，在内心深处立起了鲜明的人物形象。这是一种重要的读书方法，希望同学们在今后的学习中多加运用。

有兴趣的同学，课后再去了解更多关于李大钊的故事，并为李大钊写一段墓志铭，凝结他的精神，表达你的赞赏。

（深圳市坪山实验学校 刘富凌、李晗）

"一饭之恩"与"舍生取义"的情谊

——统编教材一年级下册《小公鸡与小鸭子》教材解读

    《小公鸡与小鸭子》是一篇童话，主要讲小公鸡与小鸭子两个好朋友一起出去玩，小公鸡捉虫子给小鸭子吃，小鸭子救落水的小公鸡的故事。故事虽然情节简单，但层次清晰，适合一年级小朋友阅读。教学中，笔者根据童话具有丰富想象留白的特点，引导孩子们读出故事背后的互相帮助，关爱他人的温暖，小公鸡对小鸭子的"一饭之恩"和小鸭子对朋友"奋不顾身"的情谊。就这样，把一个简单的童话故事读丰富、读立体，读得有滋有味。

一、品："一饭之恩"与"舍生取义"

师：小朋友们，你们喜欢故事中的小公鸡和小鸭子吗？

生1：喜欢，因为他们是一对很好的朋友。

生2：喜欢，因为小公鸡和小鸭子都喜欢帮助别人。

生3：对，他们喜欢乐于助人。

师：是的，老师也很欣赏他们团结友爱、乐于助人的友谊。

生4：我也喜欢，他们很善良。

师：你说得太好了。你觉得他们的哪些做法对别人很善良？你来说一说自己的看法。其他同学也可以说一说。

生4：小鸭子找不到虫子吃，小公鸡把自己的虫子给了小鸭子。小鸭子还救了小公鸡的命呢！

师：你说得很全面，把故事后面的内容都联系上来了，真会读书！

生5：小鸭子找不到虫子吃，急得要哭起来了，小公鸡赶紧把自己的虫子给小鸭子吃。

生6：小公鸡见小鸭子不会捉虫子，不但没有嘲笑他，还把自己的虫子给了小鸭子，我觉得小公鸡很善良！

生7：我觉得小鸭子也很善良。他听到小公鸡喊救命，就飞快地游到小公鸡身边，也顾不上捉鱼了，先救小公鸡，不然朋友就会被淹死的。

生8：如果小鸭子没有飞快地游过去，或者拖拉一会儿，小公鸡就没命了。

师：你们真了不起！是的，鱼儿捉不到，还可以再去捉。小公鸡如果得不到及时的救助，就会被淹死的。如果小鸭子不和时间赛跑，小公鸡就可能被淹死了。这就是小鸭子的"舍生取义"呀！我觉得你们也是一群能"急人所急"、设身处地为小公鸡和小鸭子着想的好孩子。

画外音：

是的，小公鸡在小鸭子找不到虫子又急又饿的时刻，慷慨大方地给小鸭子送去吃的，而小鸭子也想着"投桃报李"，准备捉鱼给小公鸡吃，在情急危险之中，挽救了小公鸡的性命，这是多么朴素的感情，同时，又是多么崇高、多么美好的感情呀！

二、品：情节的跌宕起伏

师：小朋友们，你们觉得后来作者怎么结尾不这样写：小鸭子捉到鲜嫩肥美的鱼儿，然后两个好朋友开开心心地一起吃鱼呢？

生1：故事后面写的是小鸭子去下水捉鱼的时候，小公鸡不听小鸭子的劝告，也下了水，遇到危险，最后小鸭子把小公鸡救上岸。

师：你读书读得真仔细。那作者为什么不写小鸭子捉到鱼儿给小公鸡吃呢？

生2：因为小公鸡"偷偷地"在后面也跟着下了水。小公鸡不会游泳，肯定会被水淹死的，小鸭子为了救小公鸡上岸，就没捉到鱼。

师：哇！你是个了不起的小作家！你学会了从前文的"关键词"推测下文故事的情节发展。这就叫作"埋伏笔"，这种写法在高年级也会学到。

生3：老师，如果作家最后写了小鸭子捉到鱼儿给小公鸡吃，那这个故事就没有趣味了。

师：是的，作者可是个大作家哦，他会设计生动有趣的情节，小朋友们才更喜欢读这篇文章。不过，你很厉害，你知道故事的情节要多变，跌宕起伏，才会更有趣，更能吸引小朋友的兴趣。

画外音：

童话故事的结构和故事情节不能总围绕前面的思路铺排重复，也需要在不经意之中来一点"峰回路转"，给读者创造一些不经意的惊喜，带来不一样的阅读体验。

三、品：童话的留白艺术

师：小朋友们，童话故事很多句子是很简练、短小的，但是它的含义很丰富。你们能读出这个句子丰富的含义吗？

"小公鸡找到了许多虫子，吃得很欢。"

生1：我想：小公鸡是怎样找到了很多虫子，吃得很欢是怎么一种快乐呢？

师：你很善于想象并乐于表达。你来给大家展示你的具体想法吧。

生1：小公鸡（用爪子"划啊划"，划开了一些泥巴），找到了很多（大大小小、颜色不同的）虫子，吃得很欢（还唱起了歌来）。

师：（教室里响起了热烈的掌声）这个想象太精彩了，既有具体的动作，还想到了虫子是颜色各异的，真了不起。

师：再来看看这句话：小鸭子捉不到虫子，急得哭了起来。

生2：小鸭子（脚蹼太笨重了，划了很久），也捉不到虫子，急得（嘎嘎，嘎嘎地）哭了起来。

师：你是个细心观察的孩子。鸭子的脚蹼很厚、很笨重，是用来划水的。确实不适合用来破土捉虫子。

生3：老师，我也发现了一个句子："他飞快地游到小公鸡身边，让小公鸡坐在自己的背上。"

师：你很善于发现，说说你是怎么展开想象的。

生3：他（听到小公鸡急切的叫喊声，像飞艇一样）游到小公鸡的身边，让小公鸡慢慢地坐在自己的背上。

师：哇！太厉害了，你不仅展开了丰富的想象，还能用上生动的比喻句。

此时，孩子们化为那只勇敢、敏捷、善良的小鸭子，用尽了全部的力气，游出了飞艇的速度，这是救朋友于危难之中的"奋不顾身"，这是"滴水之恩，当涌泉相报"的决心，也是"投我以木瓜，报之以琼琚"的美好与温暖。

画外音：

　　童话的结构和故事情节的跌宕起伏紧紧地拴住了读者的内心，童话的丰富留白给予了读者多彩的想象和对作品含义的自我建构的空间。童话里那两只"善良勇敢""可爱善良"的小公鸡和小鸭子，化为冬日里一缕温暖的阳光，照亮了孩子们整个世界。

（深圳市坪山实验学校　曹美珍）

放飞想象的翅膀

——《当世界年纪还小的时候》教学案例

一、案例背景

2022年版《义务教育语文课程标准》提出，语文教学在发展学生语言能力的同时，也要发展思维能力，激发想象力和创造潜能。小学低年级阶段的学生正处于思维异常活跃的阶段，总是充满了奇思妙想，但是这种想象还只停留在脑海中，没有应用到实践中来。因此，学生需要在教师的引导下不断观察、想象、聆听，乘着想象的翅膀自由翱翔，从而逐步培养创造思维。

二、案例主题

《当世界年纪还小的时候》是二年级下册第八单元的一篇文章。这一组文章以"世界之初"为主题，课文语言富有童趣，想象丰富。在《当世界年纪还小的时候》这篇文章中，太阳、月亮、水这些事物，经过作者的奇思妙想，变成了一个个单纯天真、可爱鲜活的孩童形象。作者巧妙的留白艺术和课文配图，给读者留下了广阔的想象空间。因此，本次教学重点放在通过朗读品悟感受奇妙的想象，依据关键词句发展想象。

三、案例过程

（一）立足生活，链接想象

文学创作源于生活，想象作品也是如此。借由最真切的生活体验，走向作品，更能激发学生的学习兴趣，与作品产生共鸣。

片段1

师：这是一位可爱的小宝宝，你们看，她在学习什么？（出示三幅图画：学走路，学扫地，学剥豆）

师：（出示）一起朗读：当世界年纪还小的时候，每个事物都必须学习怎样生活。

刚才，老师出示了小宝宝学习的三个画面，课文也写了世界很小的时候的三个事物如何学习本领的，谁来说一说？

生：太阳、月亮、水。

师：说得再清楚一些，他们学习的是什么？快速读文，并用横线画出来。

生：太阳学习发光。

生：月亮学习不断变化。

生：水学习向低处流。

在教学一开始用幼儿学习本领的生活经验导入课题，拉近学生与作者作品之间的距离。而后，与课文第1自然段的教学相整合，帮助学生认识由自己个人到世界万物都要学习生活的事实，学生无意识地将自己的感知和世界万物进行联系，激发探索奇妙世界的浓厚的兴趣。

（二）聚焦词句，感受想象

1. 品味想象的神奇

抓住关键词句，细细品咏，一边读作者的文字，一边思考，去感受形象的新鲜、奇异与自然合理。这样会更深切地感受想象的神奇。

片段2

出示课文第2自然段的内容，全班朗读。

师：你从哪些语句中感受到了神奇的想象？可以把现实情况和课文内容比较来感受。

生：太阳从东边升起西边落下，散发光芒，这是我们大家都知道的。在这篇文章中，这竟然是学来的本领。太神奇了！

师：是的，我们习以为常的自然现象在这里变得不一样了。

生：我想谈"它也试过做别的事，但是都没有成功"这一句。我从来没想过太阳还会干其他什么。作者写到太阳学习其他本领不成功。就好像我们有时学习本领不成功一样。

师：而且太阳试着做别的其他事情——

生：都没有成功。

师：如果不成功就会造成这样的情景——

生：譬如说唱歌，它粗糙的声音，把这个敏感的新世界吓坏了。

师：读词"粗糙"。"粗糙的声音"，那是怎样的声音？

生：很吓人的，像打雷一样的。

生：嘶哑的，让人听了难受的声音。

师：是啊，我们小朋友听了很害怕。而此时的世界敏感得像一个小婴儿，听到这个声音会——

生：吓哭了。

师：太阳粗糙的声音，作者听到过吗？没有听过。作者可真会想。当然，你也可以想象太阳学唱歌，总是不成调，让这个敏感的新世界难受等。

随着对这些新鲜、有趣的文字不断回味，朗读感受，学生更细腻地感受到想象的神奇。而这些想象不仅神奇、大胆，也建立在合理的事实基础上。

2. 品味想象的合理

片段3

师：想象如此奇妙、大胆，那么我们能不能想象太阳学会了唱歌？

生：不能，太阳是不可能学会唱歌的。

生：如果这样，那我们都可以听到太阳唱歌了。

师：是的，如果这样想，那是胡思乱想。我们的想象应该是合理的。要在现实的基础上想象。你们看，太阳学会的是发光和上山下山，这和我们在现实生活中看到太阳发光、东升西落的现象是相关联的。

生：所以作者想象太阳学其他本领是不成功的。

生：月亮学习不断变化，流水学习不断往低处流，也是和现实有关的。

从感受想象的神奇到了解想象的合理，学生对想象有了比较丰富的认识。在教学时，教师领着学生精读"太阳学习发光、上山下山"，自主研读"月亮学习不断变化""流水学习不断往低处流"。如此，举一反三地学习，既加强了对教学重点的突破，也为学生发挥想象做了指导和铺垫。

（三）留意空白，发挥想象

1. 列举处想象

在文章的第2自然段有一处很精彩的想象。通过"譬如说"这一句式表达太阳做别的事情没有成功。教师顺势发问，让学生借用句式展开想象。

片段4

师：试着想象，太阳还做过什么别的事没成功。仿照句式说一说。

出示：它也试过做别的事，但是都没有成功。

譬如说_____。

生：譬如说学跳舞，它总是朝一个方向跳，没法跳出优美的舞姿，让这个新世界难受极了。

生：譬如说学画画，它超强的温度，把这个新世界吓坏了。

生：譬如说看书，它强大的力量燃烧了书本，把这个新世界吓坏了。

教给学生想象的角度，提供学习支架，学生在特定的句式表达中奇思妙想，既熟练了词语、规范了表达、锻炼了想象力，也丰满了文章内容。

2. 省略处想象

文中用了四处省略号，每一处都引人遐思。课堂上，鼓励学生在文本空白处展开想象，并适当提供画面，催生动态想象。

片段5

出示：只要万物都做它最容易做的事，这世界就很有秩序了。

师："秩序"是什么意思？

生：不混乱。

师：不混乱，有条理就是"秩序"。对于太阳来说，秩序是_____？

生：发光，东升西落。

师：对于月亮、水来说，秩序是_____？

生：不断变化，往低处流。

师：这世界还相当有秩序……

（PPT展示图片）

生：雨从云里落下，滴进泥土里。

生：种子破土而出，长出嫩苗。

生：嫩苗逐渐成长，长成大树。

师：之后，万事万物又是呈现出怎样的秩序呢？

生：大树春天开花，秋天结果。

生：小鸟飞来，在树上搭窝。

生：小鸟吃下果子，飞向远方，播撒种子。

……

学生一个接一个说开去。想象力得到激发的同时，对词语"秩序"的理解也更加深刻了。因为低年级小学生还处于具体形象思维阶段，想象有"秩序"的场面，在形象思维和抽象思维之间搭起了桥梁。

四、案例反思

想象力是人类能力的试金石。如何让学生感受到课文的神奇想象，如何培养想象力？寓教于乐，以儿童视角去捕捉学生的兴趣点。同时，充分利用教材，在"留白"处生成想象，产生了较好的教学效果。

（1）关注学生实际。课堂教学一定要基于学情。这就要求教师在教的过程中充分考虑学生的认知起点。二年级的学生想象力丰富，对课文中的拟人写法比较熟悉。但课文讲述万物的行为是通过学习得来，并描写了太阳、月亮和水奇特的学习过程。这些奇妙的想象需要教师通过创设情境，引导学生品读文字、联系生活来感受。比如，在想象太阳学习情境时，学生俨然已经把太阳当作了那个在不断尝试学习却没有成功的孩子，甚至有了自己的影子。充分感受想象的神奇，从而发挥想象就水到渠成了。当然，课文中有好些词句对于现阶段的学生来说难以理解。比如，"只要万物都做它最容易做的事，这个世界就很有秩序了"这个句子不仅连接了课文前后内容的学习，而且它本身富有哲学意味的思考。在教学时，围绕教学目标适当取舍，不再思考层面过多停留。

（2）关注语文特质。工具性与人文性的统一，是语文课程的基本特点。语文课程应引导学生通过自主的语言实践活动，积累言语经验，把握祖国语言文字的特点和运用规律，培养运用祖国语言文字的能力。在执教《当世界年纪还小的时候》这篇文章时，围绕"从哪些语句中感受到了神奇的想象？可以把现实情况和课文内容比较来感受"这一主要问题进行品味和交流。从词、句、段找出语用点开展语文活动，比如围绕"秩序"，学生一个接一个地将课文情境和生活情境串联成丰富生动的连环画。这样，学生既细细感受了语言文字，又在不断表达的过程中形成了个体的言语经验。

（3）关注设计梯度。从感受想象的奇妙到发挥合理的想象，从给图片作支架到自由想象，从一个例子的想象到依词语辐射式的想象，教学设计遵循学生的认知由易到难，学生的思维被逐渐激活。当然，在执教过程中，也存在图片局限了想象的情况。而《当世界年纪还小的时候》作为一本书中的一篇文章，教师围绕"想象"这一学习主题，以整本书为资源进行适当的拓展学习也有必要。可是由于时间原因，在教学的广度方面就留下了遗憾。

（深圳市坪山实验学校　曾凤英）

《带刺的朋友》教学设计与反思

一、单元说明

本课选自三年级上册第七单元第3课，本单元以"我与自然"为主题，编排了《大自然的声音》《父亲、树林和鸟》《带刺的朋友》3篇课文，语言各具特色，蕴含着人与自然和谐相处的美好情感。《带刺的朋友》描绘了一只聪明伶俐的小刺猬偷枣的故事，其间穿插着作者的所思所想，体现了对小动物的喜爱之情。"感受课文生动的语言、积累喜欢的语句；留心生活，把自己的想法记录下来"是本单元的两个语文要素。《带刺的朋友》一文则是重在引导学生体会不同称呼中蕴含的情味。

二、设计说明

《带刺的朋友》讲述了一只机灵可爱的小刺猬偷枣的故事，其间穿插着作者的所思所想，情趣盎然。课文以"带刺的朋友"为题，既激发了读者的阅读期待，又点出了作者与写作对象的关系。整篇文章都洋溢着对小动物的喜爱之情，能引起读者的共鸣。

课文共12个自然段，第一部分（第1自然段）交代了故事的开头：秋天，枣树上挂满了红枣。第二部分（第2至第10自然段）详细讲述了偷枣的过程。第三部分（第11和第12自然段）写了刺猬溜走后作者对刺猬的赞叹与好奇。

本文语言生动，主要体现在以下4个方面：一是"诡秘""匆匆""爬来拉去""打了一个滚""扎"等词语，将刺猬聪明伶俐的形象描绘得活灵活现，有很强的画面感；二是"朦胧""斑斑驳驳"等环境描写，渲染了秋夜的气氛，突出了刺猬"偷"的乐趣；三是作者对刺猬的称呼，由"那个东西"到"那个家伙"到"小东西"，喜爱之情逐步加深，体现了对这位"朋友"的特殊情感；四是"哗哗""噼里啪啦""噗的一声"等拟声词的运用，让课文有声有色。

三年级的学生恰好是好奇心非常强的时候，也是喜欢研究动物的时候，在教学中能够很好地代入情境。在设计时，遵循生本教育理念，充分发挥学生的自主性，通过自己画偷枣的思维导图，在自主学习的前提下，小组合作讲演偷枣过程，同伴交流碰撞思想的火花。

三、教学目标

（1）朗读感悟偷枣过程和情感变化。

（2）会根据中心句并结合偷枣过程绘制思维导图并讲故事。

（3）拓展阅读。

四、教学重难点

（1）朗读感悟偷枣过程和情感变化。

（2）会根据中心句并结合偷枣过程绘制思维导图并讲故事。

五、教学过程

前置学习：

（1）读准、读熟课文，明晰课文讲了一件什么事；

（2）了解作者宗介华，阅读"四季读不停"系列丛书。

1. 认识枣树，做好铺垫（5分钟）

师：同学们，我们一起来读一读这段话：秋天，枣树上挂满了红枣，风儿一吹，轻轻摆动，如同无数颗飘香的玛瑙晃来晃去，看着就让人眼馋。（图配文）

师：读完之后什么感受？

生：美、好吃、诱人……

师：是呀，满树的红枣把我们可爱的朋友也引诱过来了。（贴刺猬图）

指名读第2自然段，读完后引导思考：新月斜挂就是这样的画面（配图）。在这弯月牙下面有着怎样的景色？请同学们找一找。（理解"朦胧"和"斑斑驳驳"）

生：一个新月的晚上，朦胧的月光，斑斑驳驳的树影。

师：什么是"朦胧"和"斑斑驳驳"？

生："朦胧"是很模糊，"斑斑驳驳"是枣树透过月光洒落在地面上的影子时有时无的样子吧，非常神秘和安静。

师：是呀，就是在这样的晚上，"一个圆乎乎的缓慢往树上爬的小东西"是什么呢？（板书"圆乎乎""缓慢往树上爬的小东西"）

2．一举一动，线索呈现（15分钟）

师：同学们，宗介华看到这样的场景，感到非常（惊讶），于是，注视着它的一举一动（板书"一举一动"）。请同学们拿着笔默读第3至第10自然段，勾画出描写这个小东西举动的词句。画好后跟同桌一起试画一条刺猬偷枣线索图。

线索一：诡秘地爬向老树杈，又爬向伸出的枝条……

线索二：后来，那个东西停住了脚，兴许是在用力摇晃吧，树枝哗哗作响，红枣噼里啪啦地落了一地。

线索三：我还没有弄清楚是怎么回事，树上的那个家伙就噗的一声掉了下来。听得出，摔得挺重呢？

线索四：它又慢慢地活动起来了，看样子，劲头比上树的时候足多了。它匆匆地爬来爬去，把散落的红枣逐个归拢到一起，然后就地打了一个滚儿。归拢的那堆红枣全都扎在它的背上了。它驮着满背的红枣向墙角的水沟眼，急火火地跑去了……

学习活动：学生展示线索图。

师：来，我们一起读一读。从这些线索中你读到了一个怎样的刺猬？（随着学生的讲述，教师板书：爬 摇 掉 摔 爬 拢 滚 扎 驮 跑）

结合学生总结刺猬动作迅速、聪明等词语，引导找出中心句：聪明的小东西，偷枣的本事可真高明啊！

3．根据线索，串讲高明（5分钟）

师：孩子们真会读书！瞧，这些动词展现了刺猬偷枣的过程。孩子们，考验你们的时刻到了：根据自己所画线索图，请大家讲一讲刺猬偷枣的过程吧。

（这个过程同学们基本可以讲出来，有同学还能绘声绘色地表演）

4．称谓不同，情感变化（5分钟）

师：偷枣的刺猬本事高明，真是聪明！那作者宗介华对待这个刺猬的态度又是怎样的呢？我们可以从他对刺猬的几个称呼中看出来。来，让我们一起读一读这些句子吧。

课件出示：

那个东西一定没有发现我在监视它。

我还没弄清楚是怎么回事，树上那个家伙就噗的一声掉了下来。

我暗暗钦佩：聪明的小东西，偷枣的本事可真高明啊！

师：读出了作者对刺猬的什么感情？

生：从那个东西——那个家伙——聪明的小东西看得出作者宗介华越来越喜爱爱小刺猬，并且还由喜爱变成了钦佩。从中心句可以看得出来。（板书：爱心）

5. 拓展阅读，升华情感（10分钟）

孩子们，你们知道本文最深的情感藏在哪里吗？（师手指课题《带刺的朋友》）只有深深的爱才会成为朋友。其实带刺的朋友一共有6个小章节，今天来偷枣的是一个刺猬，这个有关"动物之爱"的故事就藏在宗介华的"四季读不停"系列丛书中：这里有春天的《会飞的伙伴》、夏天的《奇妙的田螺》、秋天的《带刺的朋友》、冬天的《雪地追踪》。课后请同学们先阅读秋天的《带刺的朋友》，相信你们一定会被有趣又萌化的刺猬故事所吸引。

六、板书设计

23 带刺的朋友

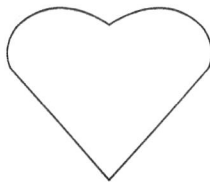

胖乎乎   称呼

画枣树   一举一动

爬 摇 掉 摔 爬 拢 滚 扎 驮 跑

刺猬

七、教学反思

我和彩冰老师一起对《带刺的朋友》进行同课异构。她执教第二课时，抓住"小刺猬偷枣的本事真高明"一句进入文本，引导学生在文本中寻找词句，训练学生的表达能力。最后回到文本中对称呼的理解，从而总结出作者对小刺猬、小动物的喜欢。

在观摩学习后，对于《带刺的朋友》一课，我主要让学生进行自主阅读并尝试进行以文带篇章、以篇章带群文的阅读教学模式！

（一）把时间留给学生

课堂上，我以生为本，充分放手让孩子们自己去读文本，通过反复地阅读去找寻文字的含义、结构以及背后的情意。

（二）把思考留给学生

从开篇的环境渲染到刺猬偷枣再到作者对刺猬以及动物的深情，一步一步都是让学生自己去思考，并通过自己的表达传递出他们的感悟。尤其是绘制刺猬偷枣的过程图，思考刺猬的高明之处。

（三）把拓展留给学生

在拓展环节中，我引导学生去探寻作者其人，从而引申到作者热爱大自然中的万物并写了一套四季系列丛书。期待孩子们走进去找一找，继续阅读《带刺的朋友》的全文。这样的教学方式，充分体现了学生是课堂的主人。课堂上，学生既习得了阅读方法，又拓展了阅读视野，一举两得！

（四）把生活还给学生

课堂的呈现一定是教师认真研读教材、教参、作者以及群文的细小的缩影。课堂的有限时间我们只能教给孩子方法，吸引孩子走进教师设置的这个阅读天堂去自由地阅读、感悟，感悟文学世界的善良与美好，表达作者的感悟，更好的是能够自己拿起笔书写自己身边的动物之趣，这个就是读—思—写的结合。但是没有在这节课里面呈现。现在的孩子对动物有天生的喜好，但是却很少有和动物相处的机会，所以后期的指导写作成了无源之水、无本之木，我想说家庭应该给孩子一些养育小动物的实践，或者社区应该设置一个动物小乐园，至少让孩子有认识它们的可能，才会有进一步的情感的提升。其实不仅仅只有动物这一块，还有其他的生活技能方面，呼吁家庭教育、学校教育和社区教育能够提供这方面的实践课程，真正地把生活还给学生。

（深圳市坪山实验学校　施春梅）

"歌"以载文，亦文亦诗

——改变文本组合形式，提升语文课堂内蕴

千百年来，《诗经》《汉乐府》不仅承载了中国灿烂的诗歌文化，也以"歌诗"的形式，记载了劳动人民的真实生活，丰盈了老百姓的内心世界。近年来，许多经典文学作品结合了当代流行元素，以更具生命力的形式走进了我们的视野，走进了大众的生活，如《经典永流传》等大型文化类节目，润物无声地影响着国人的生活和审美。

为了提升语文课堂的"内蕴"和生命力，笔者认为，亦可尝试改变文本的组合形式，让作品更具诗歌的形式美、节奏美、音韵美等美感，从而引导学生更好地把握作品的内涵。因此，笔者尝试从以下三个角度去思考改变文本的组合形式。

一、多彩园子，悟自由

形式优美，具有画面感和节奏韵律的散文类作品，可以尝试改变组合形式，变成"诗歌"，让学生在欢愉的韵律和丰富的画面中，更好地领会文本的丰富内涵和提取作者独特的语文写作形式。

案例1：庄泳程《祖父的园子》教学片段

出示课件：

花开了，就像睡醒了似的。

鸟飞了，就像在天上逛似的。

虫子叫了，就像虫子在说话似的。

一切都活了，要做什么，就做什么。

要怎么样，就怎么样，都是自由的。

倭瓜愿意爬上架就爬上架，

愿意爬上房就爬上房。

黄瓜愿意开一朵花，就开一朵花，

愿意结一个瓜，就结一个瓜。

若都不愿意，就是一个瓜也不结，

一朵花也不开，也没有人问它。

玉米愿意长多高就长多高，

它若愿意长上天去，也没有人管。

蝴蝶随意地飞，

一会儿从墙头上飞来一对黄蝴蝶，

一会儿又从墙头上飞走一只白蝴蝶。

它们是从谁家来的，又飞到谁家去？

太阳也不知道。

师：同学们，请看"这段文字"与课文的呈现有什么不同。

生1：太美了，把课文变成了诗。

师：你觉得像诗吗？

生1：像。句式相同，内容相关，读起来朗朗上口。

生2：形式上也很美、很活泼。运用了拟人的修辞手法，想象也很精妙。

师：请同学们自由朗读这段"诗歌"，你读出了什么？结合关键词来谈一谈。

生3：我读出这里的一切都是"活"的。所有的植物、动物都是"活"的，充满生机，像儿童一样顽皮且具有思想。

生4：我读出了"自由"。在祖父的园子里，小萧红是自由的，一切生命都是自由的，不管是倭瓜还是蝴蝶。在祖父的呵护下，小萧红天性得到释放，眼里的一切都是自由的，童年也是快乐自由的。

生5：我读出了"快乐"。园子里的一切都是自由自在的，按照自己的意愿生长，想怎么长就怎么长，想怎么样就怎么样。不想结瓜，便一个瓜也不结，这就是肆意"驰骋"的快乐。

师：抓住关键词，简明扼要，读出了童年时的作者是快乐的、自由的。因为祖父的爱浸润了萧红的童年，满足了小萧红肆意的、童年孩子渴望的快乐。

画外音：

《祖父的园子》是一幅明丽漂亮的、富有童话色彩的画；《祖父的园子》是一首诗，一首写满了爱和自由的诗。祖父给了小萧红心灵的自由，对她倾尽了一生的爱和耐心，他的爱放飞了萧红的天性。童年时的作者是自由快乐的，这自由是她童年快乐的源泉。

二、活用标点，明蛙声

不同标点符号的使用，会形成不同的理解甚至造就不同的文学样式。笔者尝试在《青蛙写诗》一课中，让孩子们大胆地去改变语句的标点，让文本有更多重的解读。课堂上，笔者惊喜地发现，虽然一群刚认识标点符号的一年级的小朋友，但却展现了他们极具诗歌天赋，也许孩子的世界与诗歌本就有些天然的"链接"。

案例2：《青蛙写诗》教学片段

出示课件：

呱呱，呱呱，呱呱呱。

呱呱，呱呱，呱呱呱……

师：小朋友们，你们喜欢小青蛙写的这一首诗吗？它在表达什么呢？

生1：喜欢。这首诗很特别，只用了一个"呱"和一些标点符号。

师：你很善于观察。你觉得小青蛙的诗在表达什么呢？

生1：这是小青蛙写的第一首诗，我觉得在表达它能写诗的快乐。

生2：我觉得小青蛙表达的是它对朋友的感谢，因为这是在朋友的帮助下才完成的。

师：这两个小朋友真懂得小青蛙的心意，老师也很赞同你们的看法。

师：小朋友们，标点符号是一个神奇的魔术师。在不同的地方加上标点符号，就能变成不相同的诗文。现在请同学上台给小青蛙的诗（去掉了标点符号）另外贴上标点符号。看看谁是这位优秀的小诗人和魔法师。

生3：呱，呱呱呱，呱呱呱。

呱，呱呱呱，呱呱呱……

师：哇，太棒了！你为什么这样加标点？小青蛙在表达什么？

生3：我感觉小青蛙很开心，它开心地唱起了歌，它在唱《我要谢谢你》。

生4：呱呱呱，呱呱呱，呱。

呱呱呱，呱呱呱，呱……

师：三/三/一的节奏，跟课文是倒过来的，很特别。你觉得小青蛙在说什么呢？

生4：你们快来看啊，我的作品完成了，是不是特别棒呢？

生5：我觉得小青蛙是在说："我们的荷塘很美很美，也很好玩，大家快点来，一起来玩吧！"

师：这样作诗太好玩了。小朋友们对自己的新诗的解读也很有想象力。标点符号就是魔术师手中的"魔法棒"。你们都是优秀的小诗人和魔法师！

画外音：

标点的活用，堪称神来之笔。活用标点符号，妙笔生花！偶然的尝试变成意外的"惊喜"。孩子们的语言越来越丰富了，他们的表现欲越来越生动了，孩子们的读书声越来越动情了。这样的语文课堂越来越欢乐了，语文课也越来越有"语文"的味道。

三、荷叶圆圆，各得精彩

长篇的散文诗本具有"声情并茂""诗情画意"的特质。另外，诗歌的表达也经常采用儿童化的表达口吻。这些都是儿童喜欢诗歌的重要因素。孩子们在学习过程中会不自觉地把自己化为其中的某一类具体的角色。为了激活孩子们主动学习语文的意识，激发孩子朗读诗歌的兴趣，笔者尝试把《荷叶圆圆》这首长篇的散文诗，改变其文本原有的组合形式，变成4首小诗。每首诗的开端都加上原文第一句"荷叶圆圆的，绿绿的"，作为诗歌背景。因为这句话不仅介绍了诗歌描写的季节，也给每一个小动物的活动提供了客观的环境。意料之外的是，孩子们甚是喜欢。

案例3：曹美珍《荷叶圆圆》公开课的教学片段

出示课件：

（1）荷叶圆圆的，

绿绿的。

小水珠说：

"荷叶是我的摇篮。"

小水珠

躺在荷叶上，

眨着

亮晶晶的眼睛。

（2）荷叶圆圆的，

绿绿的。

小蜻蜓说：

"荷叶是我的停机坪。"

小蜻蜓

立在荷叶上，

展开

透明的翅膀。

（3）荷叶圆圆的，

绿绿的。

小青蛙说：

"荷叶是我的歌台。"

小青蛙

蹲在荷叶上，

呱呱地

放声歌唱。

（4）荷叶圆圆的，

绿绿的。

小鱼儿说：

"荷叶是我的凉伞。"

小鱼儿在荷叶下

笑嘻嘻地

游来游去，

捧起一朵朵

很美很美的

水花。

师：小朋友们，你们喜欢曹老师"创作"的这几首小诗吗？说说为什么。

生1：喜欢。因为变短了，读起来更容易读，更容易记住了。

生2：我也喜欢。这样的排列更美了，就是变成了几首小诗，读起来很快乐。

师：小朋友们很会读诗。发现诗歌的"音韵美"，读起来朗朗上口，读起来很快乐的特点，同时也发现了诗歌排列起来很美，这是诗歌的"形式美"。你们小小年纪就能抓住诗歌的最重要的几个特点，非常了不起。

生3：我发现"荷叶圆圆的"与"荷叶是我的……"这句话是有形状的相似，都是"圆圆的"。

师：你真会思考，很细心。文本的概括能力很强，读出了题目与内容的隐秘的联系，不愧是我们班的"小书虫"！

师：接下来的环节是"小组诗歌朗诵表演"大PK。

画外音：

在本课的教学中，孩子们都沉浸在角色表演的情境里。稚嫩的童音，有趣的表情，可爱的动作，无论是台上的，还是台下的小朋友，都沉浸在节日似的喜悦中。他们用自己的语言和动作去演绎生活里的可爱小水珠，机敏的小蜻蜓，淘气戏耍的小鱼儿。在他们的读书声里，我听到了，孩子们真正地与角色对话，与文本对话，与作家对话。这一刻，我收获了意外的感动。

"横看成岭侧成峰，远近高低各不同。"不同的文本的组合形式有不同的语境，意义和美感的呈现。作为语文人，要有一双善于发现美的双眼，带领孩子们去领略不同文本带来的美感，激活学生学习语文的"泉眼活水"，从而提高语文课堂的内蕴。

（深圳市坪山实验学校　曹美珍）

化"舟"为"桥" 抵达父爱

——统编教材第九册《父爱之舟》教学设计及思考

一、设计理念

小学生理解父爱、触摸父亲的温度、解读父爱的内涵,是有一定的难度的。尤其是吴冠中笔下的父亲。贫苦的生活情境、望子成龙的期待、既当爹又当妈的劳苦,这样的形象,与孩子的生活和既有认知,是有较大的落差的。这就造成了学生在理解语言文字、还原生活画面、抵达父亲内心的过程中,有巨大的思维缺口。由此,教学的着力点就在于帮助学生打通这个缺口,通过搭建一座座连接文本与生活认知的桥梁,让思维的笔触穿越语言文字,生成独有的情感体验,并在场景的品读、想象、拓展中去夯实父亲的形象,从而深刻理解父爱之舟的内涵。

二、教学目标

通过品读、想象、补白等学习方式,丰富场景形象,走进人物内心,捕捉细腻情感,进而树立起一个父亲的形象,感悟父爱之舟的深刻内涵,并能用自己的语言表达对于父爱的理解。

三、教学过程

(一)现实的缺口,连接"贫穷"与"成就"之桥

1.还原家庭状况

(1)泛读提取信息:这是一个怎样的家庭,你是从文中哪些细节读出来的?

（2）梳理家庭状况，对比作者成就。

父亲和母亲在半夜起来给蚕宝宝添桑叶； 他平实节省到极点，自己是一分冤枉钱也不肯花的； 父亲从家里带了粽子，找个偏僻的地方，父子俩坐下来吃凉粽子； 于是家里粜稻、卖猪，每学期开学要凑一笔不少的钱； 只是我们的船不敢停到无锡师范附近，怕被别的考生及家长见了嘲笑； 父亲不摇橹的时候，便抓紧时间为我缝补棉被，因为我那长期卧病的母亲未能给我备齐行装； ……	吴冠中（1919—2010），江苏宜兴人，当代著名画家、油画家、美术教育家。他学贯中西，形成了"油画骨、水墨魂"的艺术特色。 1991年，法国文化部授予他"法国艺术最高勋位"； 1992年，大英博物馆打破惯例，为他举办了个人画展； 2000年，入选法兰西学院艺术院通讯院士，是法兰西艺术学院成立200年来，获得此职位的亚洲第一人。

2. 搭建连接之桥

质疑：一边是无比的贫困，一边是巨大的成就，鲜明的对比，巨大的落差，你认为，这种巨大的变化与什么有关？结合学生发言，引出：父爱，引渡作者走向成功的彼岸！

设计意图：一边是无比的贫困，一边是巨大的成就，这显然是巨大的现实落差，这样的落差易于激发学生走进文本的阅读兴趣和探究欲望，让教学"未成曲调先有情"。从学习设计层面来讲，设计为学生提供了走进文本，在文本视域里提取信息、捕捉路径的学习任务，初步勾勒对于文本背景的整体感知。

（二）思维的缺口，连接"梦境"与"现实"之桥

1. 板书梳理文脉

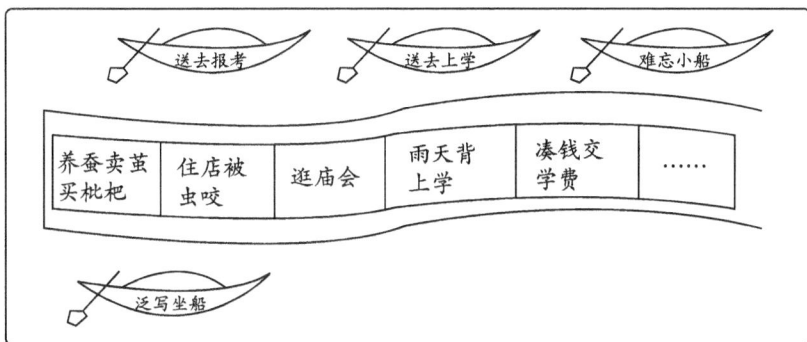

课文几次写到小舟？除了写到小舟，还写到了哪些与父亲有关的事？适时点明：梦境中的画面有背景、有人物、有情节，这样的画面就叫场景。结合学生汇报适时板书。

2. 质疑分析文路

这么多事件写在一起，一会儿小舟，一会儿场景，文章条理好像很乱，难道是作者疏忽了？结合学生发言，引出文章开头结尾的梦境，完善文脉结构。

3. 小结

梦中之境，看似紊乱，实则统一。所有的梦境，指向的都是父亲，父亲的小舟、父亲的关爱以及"我"对父亲浓浓的感情！

设计意图：连接"梦境"与"现实"，目的在于拨清阅读迷雾，在形散神聚的文本特征中，通过梳理"几次写到小舟""还写了哪些关于父亲的事"，引领学生学会梳理文路，从而实现初读的拨云见日，为接下来的阅读勾勒一幅路线图。

四、情感的缺口，连接"父慈"与"子孝"之桥

1. 自主探究

选择最感兴趣的场景，说说你是从哪些具体的细节读出父爱的？可以通过品读关键句子或字词，或者结合生活实际展开联想，来体会人物的内心，理解父爱。

2. 分享交流

（1）逛庙会：抓住现实与期待的对比，重点交流：父亲是怎么想的？怎么做的？

对比1：食物如此丰富，我多馋啊——可是只能找个偏僻的地方吃凉粽子；

对比2：玩具如此新奇，我多不舍——可是只能过过眼瘾，空手而归。

（2）雨天背上学：抓住外在辛苦和内心愉悦的对比，重点交流：父亲背"我"上学，你感受到的仅仅是父亲的辛苦吗？

（3）凑学费：抓住"新滋味"与"旧滋味"的对比，重点交流："新"旧滋味中，体现了"我"一种怎样的变化？

新滋味："人生道路中品到的新滋味"是一种怎样的滋味？

旧滋味：当"我"看到父亲一分钱也舍不得花，是什么滋味？当父亲雨天中背着"我"艰难走过泥泞之地，是什么滋味？当忆起父母夜深人静时起来养蚕，是什么滋味？当看见父亲费尽心思争分夺秒为"我"制作玩具，是什么滋味？

3. 形象提升，总结父爱

父爱之舟，承载了父亲对孩子的期盼、理解和成全。

父爱之舟，装满了父亲对孩子的尽心、尽力和周全。

父爱之舟，引渡我走向成功的彼岸。

设计意图："父慈"与"子孝"总是相关的，有慈父而不见孝子，这样的父爱是缺乏说服力的。在寻到父爱的同时，要把一个理解关心父亲的儿子形象同时托起来。用父爱的力量渲染子孝，用子孝的力量衬托父爱。由此，需要在情节的筛选和聚焦、细节的裁剪和对比、空白的想象与填补中，去品读、领悟、吸纳、表达，让文字的力量与情感的温度共振激荡，读出文字背后的信息，读出文字关联的信息，从而让学生更好触摸一个父亲的温度、立起一个望子成龙、既当爹又当妈、细心体贴的父亲形象，从而更好地感悟父爱，让理解不断走向纵深。

（深圳市坪山实验学校　庄泳程）

文眼如纲　纲举目张

——以《一个中国孩子的呼声》教学为例

阅读教学，能教可学的知识点、情感点、思维点实在太多太多，教者常因此陷入烦琐分析的泥潭，学者也常因之思维混乱、轻重难分，一节课下来，头重脚轻，云里雾里。阅读教学，如何做到扎实、清晰、有效，使课堂眉清目秀、疏密有致、轻重有度，扣住文眼进行教学，是一种有效的途径。

所谓"文眼"，指的是文中那些最富有表现力、最能帮助读者理解作品主题或脉络层次的关键词句。它往往是作者着力刻画和描摹的要点所在，或凝聚主题，或升华情感，或暗示线索，或表现章法。扣住文眼，就等于抓住了渔网的纲，读准文眼，就能真正做到纲举目张。下面以《一个中国孩子的呼声》教学为例，谈谈自己的三点认识和做法。

一、捕捉文眼梳理成纲

清末文学家刘熙载说：字句能与篇章映照，始为文中藏眼。也就是说，文眼非但不孤立存在，且能"映照"篇章。从这个角度出发，捕捉住文眼，不仅扣住文本的关键信息，更可借助文眼架构起文本的整体框架，梳理成纲。

案例：《一个中国孩子的呼声》之"捕捉文眼"

（1）这是一篇书信体文章。孩子的呼声总结起来就是什么？

（2）孩子的呼声不仅源于对和平的渴望，更源于在他的家里，有一个特别的人，有一段特别的经历。谁来说说她的家庭故事？——小结：原本期待父亲凯旋，却不料迎来的是父亲的灵柩。

板书："凯旋、灵柩"并解释：凯，指胜利；旋，就是归来。柩者，棺也！虚者为棺，实者为柩。

（3）可见，文章主要由两部分内容组成，首先是父亲的故事，作为一个执行维护行动的军人，临死都在呼唤和平；其次是"我"的呼吁，呼吁和平，呼吁救救孩子们！（板书：呼唤　呼吁）

（4）"凯旋"和"灵柩"这两个截然不同的词形容的是同一个人——父亲；"呼唤"和"呼吁"这两个看似相同的词指向的是同一件事——和平！请拿出笔，认真书写这四个词语，并把文中带有这四个词语的句子画下来。

案例评析：

没有繁杂的分析、琐碎的提问，寥寥几语的交流，拈起的几个关键词，就勾勒出了文章的总体结构和大致线索。这几个关键词就是文眼所在。"凯旋"和"灵柩"之间的落差表现了战争的罪恶，"呼吁"和"呼唤"展现了渴望和平的两种姿态。这都是文本的思想内核所在。当然，文中有文眼价值的不止这两对，"罪恶的子弹""鲜花"与"鲜血"等都可作为文眼，但不如"凯旋"与"灵柩"的落差来得震撼，且作为生字词，出现的价值更高。

阅读，有两种能力很关键：一是快速浏览状态下的整体感知能力；二是敏锐地捕捉关键信息的能力。通过捕捉文眼，梳理文纲的方式，恰好把这两种能力的训练统合起来。这样的开课，使教学的思维从一开始就眉清目秀，简约而不简单。这样的开课，大胆打破了文本的结构，为孩子重新建构自己的文本世界开了好头！

二、咀嚼文眼纲举目张

高质量的文学作品，每一个词的摆放，都是从篇的角度去考虑的。捕捉文眼，绝不仅仅在于文眼本身，而在于借助文眼的咀嚼，牵住文章的牛鼻子，顺藤摸瓜，瞻前顾后，去品悟字里行间的语言质感，读懂章法，读出思想，做到"开合变化，一动万随"（刘载熙），纲举目张！

案例：《一个中国孩子的呼声》之"咀嚼文眼"

1. 咀嚼"凯旋—灵柩"

（1）合作探究：凯旋在文中具体指什么？灵柩对家人来说又意味着什么呢？从"凯旋"到"灵柩"的巨大差别带给你怎样的感受？把这两个词联系起来，结合课文内容说说对它们的理解。

（教师结合学生发言点拨：想象一下，如果父亲凯旋，迎接父亲的机场上会是怎样的景象？父亲如果不死，该拥有怎样的人生……）

（2）学生交流：（联系事情因果）本应该是胜利归来，合家相聚在鲜花前，却不料迎来的是干冷的尸体，还有那鲜血染红的征衣及身体凝固的血；（联系父亲的个人）父亲作为一位出色的人士，精通四国语言，精通经济学，是一名卓越的观察员，他本该拥有美好的人生，享受生命的精彩，而现在，一切都定格在那触目惊心的灵柩中；（联系"罪恶的子弹"）这罪恶的子弹夺取的不仅仅是父亲的生命，更是千千万万个生命，破坏的不仅仅是一个家庭的幸福；更是千千万万个家庭的幸福……

（3）图文拓展（哀婉的音乐、震撼的画面、低沉的解说）战争中的孩子，惊恐的眼神让人心悸；丧失家园的他们，只能忍饥挨饿；罪恶的子弹在孩子身上留下血的印记；他们就这样丧失了还没绽放的生命；他们的哭声，撕心裂肺；面对硝烟中这个无助的背影，我们不禁揪心地问：孩子，你的家人呢……

（4）看着这些画面，你有何感受？带着这种感受，再来读读父亲的故事，你又会有怎样的感悟？带着感受读读第3、第4自然段。

2. 咀嚼"呼唤—呼吁"

（1）同样是"和平"，为什么形容父亲的是"呼唤"，而"我"的用了呼吁？——"呼唤"是父亲一个人的叫唤，"呼吁"同时还指请求大众的参与。儿子把父亲的呼唤，通过自己的实际行动，变成了"呼吁"，这是一种热爱和平的精神的传承，这样的声音理应让全世界听到。

（2）父亲的呼唤简洁激烈，我的呼吁具体而真挚。请从"我"的呼吁中选择你印象最深的话，谈谈你的理解。

（3）总结：凯旋，只为消灭战争的硝烟，而罪恶的子弹却让我们迎来了父亲的灵柩。父亲的呼唤，我的呼吁，生死相隔，却有共同的期许——和平！

案例评析：

格塔式心理学认为，整体大于部分之和。扣住文眼，牵丝勾连，易于形成关于文本的更为整体的印象，使它们能在特定的角度宏观地审视文本，感悟语言文字。案例中，在对"灵柩""凯旋"的咀嚼中，有效地把"维和背景""父亲成就""战争罪恶"等内容联系起来，在对"凯旋"的假想和"灵柩"的现实之间的巨大落差中，托起文本的思想内核——控诉战争，呼唤和平！而对"呼唤""呼吁"的评析和解读，使孩子更有目的地走进文本难以攻坚的"堡垒"——读出对印象深刻的话的个性理解！可以说，通过对文眼的咀嚼，达到了一线串珠的效果，文眼的点带动了文本的面有机地联动、有效地联系，实现了对文本的解构和重构。正可谓"一点打透，万目皆张"。

品词析句能力，是另一种重要的阅读能力。首先是读懂字面的意思，掌握音形义；其次要把词语、句子置于具体的语境中，不仅读懂词语表面的意思，更要读懂文字背面的深刻内涵，把形象的词句抽象化，善于概括，把抽象的词句形象化，善于分析；最后是能联系生活，把感受置于内心，化为真实。将文眼置于文本的语境中涵泳咀嚼，就是要体现以上三个层面的能力训练，在师生共同创设的情境中，联系词语本身、联系上下文、联系生活，使情感、思维真正穿透字面，直抵内心，做到力透纸背、入木三分。

三、反刍文眼活化语用

案例：《一个中国孩子的呼声》之"反刍文眼"

（1）维护和平，制止战争，是全世界人民的共同心愿。作家高洪波就以一个孩子的角度发出了自己的呼吁：《和我们一起享受春天》。请翻开第16课，快速默读这一首诗，想想，诗中4次提到的"这究竟是为什么"能不能回答。

（2）前四节诗歌都是一样的结构，作者用"本来"和"可是"作为衔接，把战争前后的场景做了对比，控诉了战争的罪恶。最后一节是作者的"企盼"。你能不能模仿这首诗的写法，把父亲的故事写成一节诗，或者把"我"的呼吁写成一节诗？注意诗中用上"凯旋、灵柩"或者"呼吁、呼唤"这两对关键词。

（3）学生交流：亲爱的父亲，本应凯旋，可是罪恶的子弹，却让我们迎来冰冷的灵柩，这究竟是为什么；学识渊博的父亲，本应拥有美好的人生，可是罪恶的子弹，却让你只能在灵柩里永远无助地呼唤，这究竟是为什么；我们呼吁，救救孩子们，要和平不要战争。让母亲不再失去儿子，让妻子不再失去丈夫，让孩子不再失去父亲。让21世纪，为和平敲响丧钟！让明天的世界，成为充满阳光、鲜花和爱的人类家园……

案例评析：

"语文课程是一门学习语言文字运用的综合性、实践性课程。""语言文字运用"当是语文课程最核心的属性，而读与写的结合无疑是"文字运用"最重要的形式。案例中，结合《和我们一起享受春天》，学生在主题相近的两个文本的情境和语境中，感悟语言的特点和运用规律，并把学习活动指向教学的高层次目标——运用。通过尝试诗歌创作，不仅是深化对文本的理解，而且对关键词的理解进行了反刍，更有效地整合了教材。这样的教学不仅简约高效，更在"纲"的厚重中托起了"目"的更为全面而立体的内涵。

阅读，直接的功能是掌握语言文字规律，学会运用语言文字，终极的目标是熏陶情感、陶冶情趣，培养人生观、世界观。把两篇主题相近的文章进行整合，用文眼作为关键词练习写诗，体现了语言从输入到输出的过程。这种输出，不仅是对文眼理解的反刍，也是表达并强化思想的重要手段，因为，只有表达出来的思想和情感，才能淬炼得严谨而深刻！

综上所述，文眼如纲，纲举方能目张。扣住文眼进行阅读教学，能使教学清晰明朗、重点突出、彰显高效，且更有针对性地训练并提高学生的阅读能力，是一种行之有效的阅读教学设计方案！

（深圳市坪山实验学校　庄泳程）

113

互文阅读　求同品异

——《跨越百年的美丽》《真理诞生于一百个问号之后》教学设计

一、教材简介

　　《跨越百年的美丽》和《真理诞生于一百个问号之后》是人教新课标版第12册第五单元的两篇文章，单元主题是"科学精神"。《跨越百年的美丽》属于写人记事文体，以"美丽"为主线，描写、记述、抒情穿插进行，表现居里夫人外貌美、人格美和科学精神之美，并与镭射线荧光之美遥相呼应；《真理诞生于一百个问号之后》属于说理性文体，以谢皮罗、波义耳、奥地利医生事迹为例，论证了真理诞生于一百个问号之后的观点，赞美了见微知著、追根寻源、锲而不舍的科学精神。两篇文章，文体不同，事例不同，但有着相同的科学精神。

二、教学目标

　　通过对比阅读，互为注解，探寻科学精神的共性；通过互为文体，改写文本，品味不同文体在选材及表达上的个性。

三、教学过程

（一）求同——互为注解

1. 交流摸清学情

通过预习，你发现两篇文章有何相同之处？有何不同之处？

2. 词语提炼，一品"共性"："见微知著"的科学品质

分别读两篇文章的关键词，你有什么发现？

第一篇：人声鼎沸　肃然无声　搜瓜寻藤　摘叶问根　烟熏火燎

　　　　眼花耳鸣　视名利如粪土　里程碑

第二篇：见微知著　锲而不舍　司空见惯　无独有偶　百思不得其解

　　　　打破砂锅问到底

（1）发现近义词：搜瓜寻藤，摘叶问根，打破砂锅问到底；小结：词语暗示了两篇文章有内在的关联。

（2）引入"见微知著"：搜瓜寻藤，摘叶问根，打破砂锅问到底，最终指向一种科学品质——见微知著。

（3）解读"见微知著"：①解释词语：见到事情的苗头，就知道它的实质和发展趋势。②以奥地利医生的故事为例，说说"微"和"著"具体指什么。谢皮罗教授和波义耳的故事中，"微"和"著"又指什么？③从"微"到"著"是一蹴而就的吗？如果说从"微"中产生的疑问是"？"，那么通过不断探索、独立思考、锲而不舍而得出的结论就是"！"。

（4）居里夫人身上是否也具有"见微知著"的能力和品质？小结：居里夫人在其他科学家发现放射性的基础上，通过实验，搜瓜寻藤，摘叶问根，发现了钋和镭，这是见微知著。

3. 梳理文本，二品"共性"："美丽"的科学内涵

（1）在《跨越百年的美丽》这篇文章中，你认为"美丽"具体指什么？引导学生发现，"美丽"不仅是指居里夫人外貌之美，也不仅仅指一克镭发出的荧光之美，更重要的是居里夫人身上的科学精神之美：坚定、刚毅、顽强、有远大执着的追求，且淡泊名利。

（2）如果用"美丽"来注脚，你觉得谢皮罗、波义耳、奥地利医生的科学精神之美又是指什么——见微知著、善于发问并不断探索、有准备、有思考、有锲而不舍的精神。谢皮罗等人的"美丽"是否也可以用来形容居里夫人？

（3）小结：阅读就是一段奇妙之旅。在对比阅读中，谢皮罗等人具有的"见微知著"的品质，同样可以用来形容居里夫人，而居里夫人的"美丽"，也可以成为谢皮罗等人科学精神的注脚。不同的领域，同样的科学精神，使得两篇不同的文章有了内在的关联和意趣。

4. 配乐朗读

表现科学家"见微知著""美丽"的相关片段。

设计说明：不同的形式，相近的主题，通过比较、归纳、提炼，促进阅读理解，习得写作方法，是互文阅读的出发点之一。而求同存异则是其重要手段。有限的课堂时间内如何求同，抓"文眼"是重要方法。所谓文眼为纲，纲举目张，借助"见微知著""美丽"两个文眼，顺藤摸瓜，寻根求源，于"开合变化"中达成"一动万随"的效应，学生不仅精准把握了文本的要核，更为"品异"做了充分的铺垫。

（二）品异——互为比对

（1）过渡：当然，正所谓"和而不同"。读着读着，你会发现，两篇文章读起来的味道是不一样的。比如以下两个片段。（出示）

《跨越百年的美丽》第3自然段：

1896年1月，德国科学家伦琴发现了X光，这是人工放射性；1896年5月，法国科学家贝克勒尔发现了天然放射性。尽管这都还是偶然的发现，居里夫人却对此提出了新的思考：其他物质有没有放射性……为了提炼纯净的镭，居里夫妇搞到一吨可能含镭的工业废渣。他们在院子里支起了一口大锅，一锅一锅地进行冶炼，然后再送到化验室溶解、沉淀、分析。化验室只是一个废弃的破棚子，玛丽终日在烟熏火燎中搅拌着锅里的矿渣。她衣裙上、双手上、留下了酸碱的点点烧痕……经过三年又九个月，他们终于从成吨的矿渣中提炼出了0.1克镭。它真的有极美丽的颜色，在幽暗的破木棚里发出略带蓝色的荧光。

《真理诞生于一百个问号之后》第5自然段：

最有趣的是一位奥地利医生。一次儿子睡觉时，他发现儿子的眼珠忽然转动起来。他感到很奇怪，连忙叫醒儿子，儿子说他刚才做了个梦。这位医生想，眼珠转动会不会与做梦有关呢？会是什么关系呢？他百思不得其解。于是，带着一连串的疑问，他以儿子、妻子、邻居为实验对象，进行了反复的观察实验，最后得出结论：当睡觉的人眼珠转动时，他确实正在做梦。如今，人们研究梦的生理学，便根据眼珠转动的次数和时间，来测量人做梦的次数与梦的长短。

（2）学生个人读，发现不同之处。

（3）点拨一：描写角度的不同。如果从"见微"和"知著"的角度来分析，两个片段前部分是"见微"，后部分是"知著"，但第一个片段中多了关于居里夫人实验过程的细腻描写。

（4）点拨二：增删后的不同效果。《跨越百年的美丽》片段中，去掉描写居里夫人实验过程中的部分内容，表达效果有何不同？《真理诞生于一百个问号之后》的片段中，加进一些奥地利医生在观察实验过程中的描写，有没有必要？引导学生发现：第一个片段中，细腻描写居里夫人实验过程的内容，能使"美丽"更具有说服力；第二个片段，基于提供的材料已能证明作者的观点，没有必要描写实验过程。

（5）小结：结合以上分析不难发现，文章体裁不同，在选材和写法上也必然不同。《跨越百年的美丽》重在写人，由此必须选取最能表现居里夫人"美丽"的人生片段，注重细腻生动的描写和刻画，以情感人；《真理诞生于一百个问号之后》重在说理，由此必须选择最能说服人的不同事例，注重语言的简洁和准确，以理服人。不同的文章，既有共通之处，又有各自特色，这就是语言文字的魅力所在。

设计说明："求同"易，"品异"难。由此，案例的呈现就相关重要，不仅要形象，更要能引发思考，利于举一反三，并能在概念上给予孩子清晰的认识。呈现以上两个片段启发孩子思考，正是基于其相同的叙述脉络和鲜明的文体特征和表达手法，而借助"见微"和"知著"两个视角，能帮助孩子更直接形象地剖析文本脉络，体现不同之处，从感性到理性辨析不同文体在选材和表达上的个性。

（三）练笔——互为素材

学生练笔，任选以下其中一个题材。

如果把居里夫人的故事，作为《真理诞生于一百个问号之后》的一个事例，你会怎么写？请写一个片段。

如果把奥地利医生的故事单独作为一篇文章，题目就是"跨越百年的美丽"，你会怎么写？请写一个片段，表现奥地利医生的"美丽"。

设计说明：互为素材，化读为写，检验孩子对于文本的认识，从实践的层面把握文体表达特征，拓宽了教材的效用，更为孩子提供了多层面的写作训练，一举多得。

四、板书设计

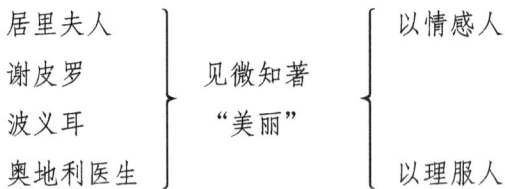

跨越百年的美丽

真理诞生于一百个问号之后

居里夫人
谢皮罗
波义耳
奥地利医生

见微知著
"美丽"

以情感人

以理服人

五、课后反思

互文阅读，要体现一个"互"字。线性阅读、双轨并行，不能称为互文。互文，体现的是一种整合意识，阅读是穿插进行的，对文本的处理也是立体的，你中有我，我中有你，在文本主题、表达方法、文体特征等教学出发点的统领下，糅合不同文本进而分离个性特征，求同品异，巧妙达成对文本的解构和重构，从而获得对主题、文体特征、表达手法的清晰认识，这，就是互文阅读的出发点和归宿点。该课设计启发我们，互文阅读可以体现以下三个"互"。

（1）互为注解：互为注解，在于求同。文本的相似性，为文本间的互为注解提供了可能。比如用《跨越百年的美丽》中的"美丽"注解《真理诞生于一百个问号之后》中的科学发现之"美"，这是从主题的层面进行的互为注解。这样的例子还有很多很多，如用丰子恺《白鹅》的"高傲"注解叶·诺索夫的《白公鹅》等，由此引发开去，当然还有写法层面的互为注解、语言风格上的互为注解，有相近的写法、主题上的互为注解，更有相对甚至相反角度的注解。

（2）互为比对：互为比对，在于求异。这是互文阅读核心价值所在，在对比中寻找对应点，在对应中探寻个性，在对文字的敏锐性训练上重锤敲打，方式阅读教学的本色所在。"对应点"尤为重要，没有对应便失去了对比的价值，如以上课例中描写居里夫人"见微知著"的过程和描写奥地利医生"见微知著"的过程，有对应之点，更有对比之处。再如《爬山虎的脚》和《那片绿绿的爬山虎》，如作互文阅读处理，则其对应之点该聚焦在叶子上。同样描写的是叶子的绿，前者突出的是外形之美，后者则体现生机之美，在对应的内容中，引导孩子发现后者象征手法之表达特征。

（3）互为文体：互为文体，体现在不同文体的互文阅读中，因为指向的对象有相关性，则从不同文体的特征来看，有不同的文学味。基于"互为注解"和"互为比对"基础上，互为文本，让孩子改写文本，不仅加深对文本特征的认识，更可以给孩子提供不同的写作体验。

（深圳市坪山实验学校　庄泳程）

第三部分

平实微课

《江南春》教学案例

古诗词教学价值取向是什么

——五年级下册《古诗词三首》教学观后感

古诗词教学的价值取向是什么？笔者借五年级上册第七单元第一篇课文《古诗词三首》的教学，谈谈自己的点滴思考。

文中三首诗词包括了王维的《山居秋暝》、张继的《枫桥夜泊》以及纳兰性德的《长相思》，单元人文主题是"四时景物皆成趣"，语文要素是"动态描写和静态描写"。

笔者聆听了这篇课文的网络教学，由于是网课，没法呈现学生的学习活动，捕捉不到学生思维的困顿和情感的波动，然而，教师的设计独具匠心，这引发了笔者关于诗歌教学价值取向的思考，即作文诗歌这种独特的文体，其最大教学价值该如何在课堂中呈现。

一、诗，是用来读的

诗怎么读？充分地读，有方法地读。

诗歌诗歌，诗就是歌、词，更是直接由文学和音乐组成。我们有一个词语叫歌词。阅读诗词跟阅读其他文学作品不同，如果缺少了声音，没有顿挫的节奏、呼应的和声，那就等同于瀑布没有了震天的巨响，大海没有了波涛的涌动，小溪失去了淙淙的轻响。是的，声音可以表达意义，声音可以传递情感，在诗歌里，声音甚至能被赋予灵魂。

我们欣喜地看到，在两位老师的课堂上，用了大量的容量让学生读诗，同时不失时机地指引朗诵的方法，可谓"书声琅琅、诗意洋洋"。

比如夏沁雨老师的课：

你真会读诗，仿佛你是从诗中走出，身临其境，有感而发。你能读一读这两首诗写景的部分吗？《山居秋暝》读出惬意舒爽，《枫桥夜泊》读出清冷孤独。

不错，《山居秋暝》语气轻快、明亮，对于《枫桥夜泊》老师注意到你把语速放慢，如果把语气再放低沉一些，声调稍微压一压，读起来就更加符合深秋的夜晚，泊船江边时的心境。

老师注意到你读的时候把"归浣女"的"归"和"下渔舟"的"下"进行了重音的处理，"王孙自可留"这句最后声调往上扬，确实让人感到田园生活的悠闲惬意。

让我们跟随诗人的脚步，先去明月高照、清泉流淌的山林，再去月落枫林霜风满天的江边，诵读经典。能够背诵的同学，可以闭上眼睛，听着音乐，想象画面，尝试背诵；有点困难的同学，可以看老师的提示进行背诵。

再如房蓓老师的课：

你发现了《长相思》这一词牌的特点：叠韵，（PPT重点出示叠韵词）像这样两个字的韵母相同，读起来更加有韵味，更能读出音律的节奏。我们再来试一试，读出叠韵的美感吧！

现在，咱们再来读一读这首词。这一次，老师有一个小要求，要把押韵的字拖长，读出押韵的味道来。

读词既要读准确、读流利，还要读出连停快慢、长短高低，适当的时候还可以摇头晃脑，读出节奏，读出韵味。现在，老师请来了另一位老师，咱们跟着他一起学习，读出词的韵味。

可以说，两位老师不仅真正做到"读"占鳌头，更是通过准确的点拨、形象的指引，让学生好读诗、读好诗，在声音和文字的共振中，营造逼真的情境，荡涤隽永的诗意。诗，引领我们跨越时空，和诗人对话。歌，在孩子们童稚的声音里，顿挫、婉转、回旋。于是，王维携着空山新雨向我们走来，张继伴着江枫渔火向我们走来，纳兰性德裹着漫天风雪向我们走来。空山、枫桥、山山水水，次第出现；竹喧、钟声、风风雪雪，交相回响。

二、诗，是用来品的

怎么品？品"诗之境阔"，品"词之言长"。

我们知道，诗歌教学，重在举象、造境、入情、会意，我也经常跟老师们强调好课的三种境界：物境、情境和意境。物境是还原，情境是共鸣，意境是升华。由此，品诗的过程，就是寻找物象、营造情境、激发情感、抵达文字背后意境的过程。咱们先对这三首诗词作逐一的分析。

《山居秋暝》：读王维的诗，总是被他带着走进山水之中，获得一种心灵的空明。蒋勋说："王维的生命有一种特别出世的空灵感。"诗画一统、禅意十足，是这位兼具诗画之长，又有"诗佛"盛誉的诗人作品的最大特点。这在他的代表作《山居秋暝》中有充分的体现。综观全诗，明月、青松、清泉、翠竹、青莲，是如此高洁；山雨初霁是如此清凉，皓月当空是如此清澈，清泉流淌是如此清洁；还有归来的浣女、下水的渔舟，所有的这些事物放在一起，却并不让人觉得杂乱，而是如此的自然和谐、如此的安静、如此的空灵。这也许就是明知山中有万物，却仍用"空山"的用意吧。由此，"空山"当是诗歌最重要的意象。

《枫桥夜泊》：寒山寺是幸运的。在中国，寺庙众多，论资排辈，无论如何排不上它，然而，张继的一首《枫桥夜泊》却使它闻名遐迩。张继是幸运的。唐朝诗人灿若星河，论资排辈，他也难以入号，然而，寒山寺的钟声却让他的作品传唱千年。张继和寒山寺，一个落魄的诗人和一座落魄的寺庙，金风玉露一相逢，便胜却人间无数。提起寒山寺，就要关联张继和他的《枫桥夜泊》，就像提到鹳雀楼、黄鹤楼、滕王阁、岳阳楼，始终绕不开王之涣、崔颢、王勃、范仲淹一样。张继的愁绪在寒山寺的钟声里弥漫千年，寒山寺的钟声在张继的诗句里响彻云宇。由此，愁绪和钟声，就成了《枫桥夜泊》教学的两大抓手。而愁绪，就体现在月落、乌啼、满天霜、江枫和渔火等具体物像中。

《长相思》：作为纳兰性德最重要的代表作，长相思中那种山一程水一程、山一程水一程的空间拓延、风一更雪一更、风一更雪一更的时间绵延，还有那叠韵的反复、节奏的律动，读来已是令人遐想无限，更添上时空张力之外身心的巨大落差，更是令人回味无穷。关于这首词的教学，王崧舟老师已有最经典的课例，不再赘述。

当然，解读必须深刻，但呈现的方式要轻盈。两位老师的课，虽然没法现场演绎，但我们也能在设计的预设中窥见其匠心独运之处。比如夏老师通过比较阅读，在《山居秋暝》的惬意和《枫桥夜泊》的孤独中，用一种反衬的方法，凸显诗人独特的心绪，这就触摸到了文字背后的意境。房蓓老师抓住"这一番旅途，其实是山山水水，一程一程又一程，山水兼程。同理可知，驻扎边塞的这一晚，风一更，雪一更其实也是风风雪雪，一更一更又一更，风雪连更"的解读思路，把"山、水、风、雪"的意象较为充分地展示了出来。

三、诗，是用来审美的

我认为，诗歌教学，审美的语用，才是诗意的。

蒋勋说："在为鄙俗的事吵架的时候，大概是离诗最远的时候。"反过来说，离诗越近，自然就越高雅。语文教学，我们强调语用，但具体到诗歌教学，实用的语用，当然也重要，比如单元语文要素的静态和动态描写，但，审美的语用，才是诗意的。

这种美，首先在声韵，神气相通，抑扬顿挫，荡气回肠；

这种美，其次在意境，意味蕴藉，起承转合，浑然天成；

这种美，更在于生命的究竟，在于诗歌背后那一个个独具个性的鲜活生命。

《山居秋暝》中，山中万物铺展开的灵动之美、新雨初霁的喜悦之美、超然物外的豁达之美、沉潜其中的忘我之美，《枫桥夜泊》万籁俱寂中钟声的警醒之美，《长相思》中时空张力呈现的相思之美，这些，才是文本语用的价值所在。是的，也许碍于年龄和阅历，小学生难以领会这种美感，但诗歌的种子既然落在我们手中，我们就得倍加珍惜它的价值，在生命需要的那一刻，是自然会被激发出来的。机缘一到，一切都会生发。

四、诗，是用来思维的

诗性的思维，是灵动的，更是高雅的。

读懂诗歌，需要学生丰富的联想和想象，需要创造力的参与，更需要孩子个性化的阅读。我们需要通过吟诵朗读营造诗歌的意境，也需要通过言语的解释和交流，在文本的补白和想象中，不断丰富学生对于诗歌的认知，以及丰盈诗歌带来的情感触动。这样的思维，是诗性的思维，是灵动的思维，是高雅的思维。

从某一个方面讲，无论是诗歌教学还是其他体裁文本的教学，其实都是教师通过不同的方法，不断帮助学生缩小与文本差距的过程，直至孩子触摸到语言的温度、感受到语言文字背后的独特意味，甚至抵达作者独特的思想灵魂。

作为诗歌，无论是凝练的语言、诗人独特的生活感悟还是写作时的心境和背景，这些都是离小学生甚远的，所以教师要有效地引导孩子通过联想和想象，让文字鲜活，让时空拓展；教师要有效地引进背景、作者等相关资料，帮助孩子踏上理解的阶梯，让介乎可解和不可解的诗词，既有朦胧之美，又有鲜活的形象、真切的情感、可触动的意象。两位老师在这方面都下足了功夫。比如房老师通过共情想象，让孩子领悟诗歌的言外之意，夏老师通过引入名人的评价，让孩子领悟诗歌"画家视角、诗人笔墨、灵动风格"的独特内涵。

五、诗，更是用来传承文化的

阅读诗歌其实就是在阅读文化。

文学是文化最主要的承载工具，而诗歌是文学的皇冠，作为能够入选教材的诗词歌赋，更是皇冠上的明珠。从这个意义上讲，阅读诗歌就是在阅读文化，就是在诗歌的世界里听见来自血液深处的声音，就是在我们的心灵深处流淌的一湾源头活水。我们喜欢唐诗宋词，究竟喜欢它的什么呢？也许就是因为，在这些最经典的语言文字里面，有我们这个时代丢失或忽略的东西。由此，传承就显得尤为重要。这里面关乎文化自觉、文化理解、文化选择、文化认同，更有文化传承。就好比《山居秋暝》中的田园文化，《枫桥夜泊》中的羁旅文化，《长相思》中的相思文化等，其实背后表达的都是一种独特的文本化人格。

所以，有些老师，会把某一首诗歌的教学作为一种特有的专题，引领学生进行研读，进行微课程研究。

也许大家会有困惑，说了这么多，又是思维，又是审美，又是文化，还有各种知识和品读，课堂容量如何取舍，学生是否能够容纳。其实，还是万变不离其宗。以上所讲，其实就是直指语文学科的核心素养，即语言的建构和运用，思维的发展和提升，审美的鉴赏和创造，文化的理解和传承。只不过，在诗歌教学里，它的侧重点不同，审美是最重要的主题。其实课堂教学常常是这样的，你占有的越多，课堂上你就越轻盈，融汇之余才能内化，方能贯通。经过上面的分析，我们不难发现，三首诗词中，有一个共同的主题，那就是"心境"，即两位老师课堂上所强调的"一切景语皆情语"。这样，课堂的路径就打通了，即景语—情语—心境。

教学设计就是这样，要经历鲸吞和牛嚼的过程。在这样的过程中，根据教师的教学风格，学生的学习起点、教材的主题设定等，去提炼目标，选择素材，确定思路，然后带着厚实的准备从容地走进课堂。在这样的过程中，首先打动自己，然后才能打动学生，这就是作为教师课外的功夫，也是一个语文教师作为文化教育专业者的内核所在。

（深圳市坪山实验学校　庄泳程）

遇见江南

——《江南春》教学设计

一、学习目标

借助注释和积累，通过吟诵品味、拓展阅读和想象写话，构建对于江南意象的初步理解。

二、教学过程

1. 引诗

（1）读题：题目告诉我们描写的地点是江南，时间是春天。"江南在哪里？"

严格意义上的江南，主要指长江以南、钱塘江以北的区域，包括南京、苏州、常州、镇江、上海、嘉兴、湖州、杭州等地。广义上也包括了长江以北的扬州，钱塘江以南的绍兴、宁波等地，总面积约7万平方千米。

（2）引入：读诗句，理解"能不忆江南"中欲罢不能之情。

日出江花红胜火，春来江水绿如蓝，能不忆江南？（白居易）

2.读诗

引语：诗歌诗歌，诗就是歌，是拿来读的、拿来唱的。声音传递情感，声音传递意境。自读；范读；唱读。整体感知：读完此诗，你对江南有了怎样的印象？

三、形象提取

画出诗中描写的景物。小结：28个字，描写的景物有7种之多，这些景物，有动有（静），有声有（色），有晴有（雨），既有动植物，又有（古建筑），既有现在的，又有（过去的），如此和谐有序，这就是大家的魅力。

四、具象批注

江南很美，而美好的事物总是能让我们想起那些耳熟能详的词语。比如和煦的风、纤细的雨，连在一起就是和风细雨。结合诗中的景物，展开丰富的想象，你还能从诗中想起哪些词语呢？

学生自主板书，课件出示：

和风细雨　　风和日丽　　柳绿花红　　绿肥红瘦　　杏花春雨　　诗情画意
烟花三月　　草长莺飞　　莺歌燕舞　　鸟语花香　　有声有色　　动静皆宜
山色空蒙　　春风化雨　　花团锦簇　　春意盎然　　清风徐来　　酒旗招展

五、抽象鉴赏

《江南春》被评为最好的50首唐诗之一，《人民日报》给出了以下评语：

诗人以极具概括性的语言，为我们描绘了一幅生动形象而又有气魄的江南春画卷。既写出了江南春景的丰富多彩，也写出了它的广阔、深邃和迷离。

对此，你怎么理解"广阔""深邃"和"迷离"？

六、情境演绎

1.导语

江南，一个听起来温柔清新、春风拂面的名字，古往今来不知在朦胧中迷醉了多少人。文字里走出的"江南"，让江南成了中国人心中的诗和远方。

2.情境品读

这一天，吹着风，下着雨，一位歌者来到这里，他轻轻地哼唱：

风到这里就是黏，雨到这里缠成线。——为何黏？为何缠成线？

这一天，同样的风，同样的雨，一位作家来到这里，他默默地吟咏：

独自撑着油纸伞，徘徊在悠长的雨巷。（戴望舒《雨巷》）——想象你看到了怎样的雨巷？

时光倒流一千年，还是同样的风雨，一位诗人来到这里，他不由赞叹：

沾衣欲湿杏花雨，吹面不寒杨柳风。（僧志南《绝句》）——"湿"了没有？为何不寒？

七、写作提升

结合学习内容，发挥你最美好的想象，调动你最优美的语言积累，选择《江南春》中其中一两句，写出你看到的江南。

八、拓展点睛

（1）你看到一个怎样的江南？

这就是江南

烟花细雨粉墙黛瓦

垂柳画舫幽深雨巷

这就是江南

白居易在这里休憩，他说：

乱花渐欲迷人眼，浅草才能没马蹄

苏东坡在这里修堤，他说：

湖光潋滟晴方好，山色空蒙雨亦奇

张志和在这里钓鱼，他说：

青箬笠，绿蓑衣，斜风细雨不须归

陆游在这里住店，他说：

小楼一夜听春雨，深巷明朝卖杏花

江南

是一个地方：

千里莺啼绿映红，水村山郭酒旗风；

是一种情怀：

人人尽说江南好，游人只合江南老；

是一种向往

一江烟水照晴岚，两岸人家接画檐。

园林，小巷，庭院

它深藏着最东方的精致

山水，烟波，落絮

它永葆着最古典的诗意

这就是江南

（2）学习《人民日报》的点评，用简约凝练的语言点评《浪淘沙》《书湖阴先生壁》

（深圳市坪山实验学校 庄泳程）

抵达意象的阶梯

——以《江南春》教学为例

诗歌教学，重在品象立意。字眼关照物象，物象构成意象，意象托起情境。抵达意象之境，需经多层铺垫，多级阶梯，或渲染，或勾勒，或细描，或泼墨，一圈一圈，一层一层，让形象丰富，让意象丰满，让诗歌之美在孩子的内心荡起一层又一层的涟漪，直至抵达情绪情感的汹涌。那么，抵达意象的过程，需经过怎样的层次递进呢？笔者以部编版六年级上册《江南春》的教学为例，谈谈自己的浅见。

读着《江南春》，耳熟能详的与江南相关的诗句，总能清晰地被一一带出，"风到这里就是黏，雨到这里缠成线""等到那孤帆远影碧空尽，才知道思念总比那西湖瘦"的旋律也总会在耳边回响。读着读着，唱着唱着，一幅清丽又幽静的江南风景画就出现在眼前了。是的，杜牧写的是整个江南。文字里走出的江南，是中国人心目中的诗和远方啊！然而，江南的地域太宽广，江南的景致太多元，江南的文化太厚重。如何树立起江南的意象呢？

第一级阶梯：远观——诗词的朦胧感

课堂回眸：读中酝酿

师：谁能说说对作者杜牧的了解？

师生："清明时节雨纷纷，路上行人欲断魂"，"远上寒山石径斜，白云生处有人家"，这些诗句的作者都是——杜牧。

师生：诗题告诉我们描写的时间是——春天，地点是——江南。江南在哪里？

师生：（生默读江南简介）上有天堂——下有苏杭，苏杭就在——江南。故人西辞黄鹤楼——烟花三月下扬州，扬州也在——江南。

师：关于江南，白居易曾这样写道：（生读）日出江花红胜火，春来江水绿如蓝，能不忆江南？

师生：不回忆江南，行吗？——不行。做得到吗？——做不到。是啊，他吃饭的时候在——忆江南，睡觉的时候在——忆江南，他时时刻刻处处都在——忆江南。这种感情，如果用一个词语来概括，可以称为——欲罢不能，朝思暮想，魂牵梦绕。

师：江南究竟有什么样的魅力，能让人如此朝思暮想，欲罢不能？打开课文，自由朗读诗歌，要求：读正确，读出节奏，读时带进自己的想象。

师：（个人读，集体读，听范读，跟着音乐唱读）诗歌诗歌，诗就是歌，是拿来读的、拿来唱的。声音传递情感，声音传递意境。读完此诗，你对江南有了怎样的印象？

生：江南风景如画；听着范读的旋律，特别悠扬，江南应该是个有意境的地方；江南是个生机勃勃的地方。

入课，关于杜牧、关于江南，带出的是一串串的诗句，意在营造一种意境，渲染一种诗情，以期达到"未成曲调先有情"之效。"能不忆江南"的切入，则在于形成一种阅读期待。充分的朗读直至熟读成诵，与其说是形式，不如说是目的，读着读着，唱着唱着，节奏有了，平仄明了，情感开始若有若无地流动，朦胧的意象就出现了。这，是对诗词的远观，是抵达江南意象的第一级阶梯。

一级阶梯重在靠近。朗读是最重要的手段。诗歌言有尽而意无穷，借助朗读，在声韵节奏的律动中，因声传气，达成一种只可意会尚不能言传的整体朦胧之美，这种美，会生成无限可能。

第二级阶梯：近看——诗词的画面感

1. 课堂回眸：形象提取

师：雁过留痕，用心读过了，印象自然就出来了。当然，这还只是初步的笼统的印象，要真正读懂诗歌，还得走进字里行间。拿出你的笔，圈画出诗中描写的景物。

师生：（学生圈画交流诗中描写的景物）七种景物，六个视角，浓缩在这28个字当中。这些景物，有声——有色，有动——有静，有晴——有雨，既有动植物——又有古建筑，既有自然景观——又有人文景致，既有现在的——又有过去的，如此和谐有序，这就是大诗人的功力啊。

2. 课堂回眸：具象批注

师：江南很美，而美好的事物总是能让我们想起那些耳熟能详的词语。比如和煦的风、纤细的雨，连在一起就是和风细雨。结合诗中的景物，展开丰富的想象，你还能从诗中想起哪些词语呢？

师生：（学生自主板书）烟雨蒙蒙、春意盎然、花红柳绿、莺歌燕舞、人来人往、万紫千红……（教师相机出示）烟花三月、草长莺飞、和风细雨、绿肥红瘦、杏花春雨、诗情画意、清风徐来、酒旗招展……

生：（读词语，边读边想象画面）

3. 课堂回眸：抽象鉴赏

师：《江南春》被评为最好的50首唐诗之一，《人民日报》给出了以下评语（出示课件）。你怎么理解"广阔""深邃"和"迷离"？

出示：《人民日报》点评：

诗人以极具概括性的语言，为我们描绘了一幅生动形象而又有气魄的江南春画卷。既写出了江南春景的丰富多彩，也写出了它的广阔、深邃和迷离。

生：江南是广阔的，千里莺啼，千里绿映红，四百八十寺点缀在烟雨江南各个角落；江南是迷离的，烟雨蒙蒙，如烟似雾；江南是深邃的，有厚重的历史和文化……

从形象到具象再到抽象，思维逐层深入，从字眼到画面再到鉴赏，眼界逐渐开阔。经历提取、分析、归类，借助想象、批注、鉴赏，多种手段，意在助力孩子清晰层次，立体文字，呈现多维，开阔意境。孩子们用自己的解读，描绘着心目中的江南，一幅一幅具体的画，一幕幕从脑海中闪过，在文字与画面的不断切换中，在字斟句酌咀嚼涵泳中，去生成诗歌独特的意境，呈现"难写之景如在眼前，不尽之意见于言外"之效。这，是对诗词的近看，是抵达江南意象的第二级阶梯。

二级阶梯重在共鸣，咀嚼想象是重要手段。意境之美主要来自情思和文采，教学就是要把目光聚焦于字里行间，用"近精微"的姿态，切入诗词的肌理，找到思维的脉络，触碰情感的脉搏，捕捉一个个具体的意象，让"思与境偕"，达成与作者的同情共振。

第三级阶梯：回眸——诗词的意韵感

1. 课堂回眸：情境演绎

师生：江南，一个听起来温柔清新、春风拂面的名字，古往今来不知在朦胧中迷醉了多少人。这一天，吹着风，下着雨，一位歌者来到这里，他轻轻地哼唱——风到这里就是黏，雨到这里缠成线。这一天，同样的风，同样的雨，一位作家来到这里，他默默地吟咏——独自撑着油纸伞，徘徊在悠长的雨巷。时光倒流一千年，还是同样的风雨，一位诗人来到这里，他不由赞叹——沾衣欲湿杏花雨，吹面不寒杨柳风。

师：读着读着，你仿佛看到了什么？

生：风很柔，雨很细，若有若无，特别舒服的感觉；悠长的雨巷，青色的天，青色的石板路，宁静而幽深；油纸伞在和风细雨中构成一道诗意的风景……

2. 课堂回眸：写作提升

师：结合学习内容，发挥你最美好的想象，调动你最优美的语言积累，选择《江南春》中一两句，写出你看到的江南。

生：千里江南，千里莺啼，千里的绿点缀点点的红，连绵温润。村庄依山傍水，繁华又古朴。轻柔的风吹起酒旗，酒肆遍地。这绿，这红，这风，千年依旧。

生：莺燕的鸣叫声传遍了千里，柳叶随着清风摆动，拂过青翠的绿叶，衬出花儿的娇红。小山村在群山间时隐时现。酒馆外，酒旗招展，雨，沾湿了屋檐，滴答滴答，像清脆的和声。

生：江南，土地广阔，历史悠久。从南朝到唐朝，江南，没有淹没在历史长河中，它的棱角渐渐磨圆，展现出一种与寺庙的庄重严肃不同的温润，在浩渺的烟雨中展现出一股奇特的迷人气息。

生：和煦的春风吹拂着，柳絮轻轻摆动，水面荡起层层涟漪。草长莺飞，莺啼处处，到处翠色欲滴，绿肥红瘦，姹紫嫣红，层林尽染，点缀着茫茫绿海。蒙蒙的烟雨，给大地笼罩一层薄薄的纱衣，明暗交织，若隐若现。

无论是朦胧的美感，还是清晰的画面，诗歌教学，最终要回归的是盎然的诗意。这种诗意，缘于诗词本身，彰显于学生基于自身解读的表达。"情境演绎"给了这种诗意更深更广的铺垫，使学生的视角能跳出诗词的画面，投向更广阔的江南视域，"写作提升"则为这种诗意提供恰如其分的出口，在整体观瞻的格局上描述心目中诗意盎然的江南。真正触摸"江南"的温度，立起"江南"独有的内涵。这，是对诗歌的回眸，是抵达江南意象的第三级阶梯。

三级阶梯要达成顿悟。意象可以从具体的描写中捕捉，意境则须于笔墨处得之。所谓"境生于象外"，经历前期思维历程的厚实铺垫，学生情动辞发，大有不吐不快之意。此时，再推一把，用逼真的情境、恳切的语言、开阔的思路，调动全部情绪，让学生无论是思维还是情感达到饱满状态，达成"蓦然回首"的顿悟感。

第四级阶梯：放眼——诗词的文化感

课堂回眸：拓展点睛

师生：文字里走出的"江南"，让江南成了中国人心中的诗和远方。让我们通过朗读去表现这种诗情吧。烟花细雨，粉墙黛瓦；垂柳画舫，幽深雨巷——这就是江南。白居易在这里休憩，他说——乱花渐欲迷人眼，浅草才能没马蹄。苏东坡在这里修堤，他说——湖光潋滟晴方好，山色空蒙雨亦奇。张志和在这里钓鱼，他说——青箬笠，绿蓑衣，斜风细雨不须归。陆游在这里住店，他说——小楼一夜听春雨，深巷明朝卖杏花……园林，小巷，庭院——它深藏着最东方的精致；山水，烟波，落絮——它永葆着最古典的诗意。这就是江南。

是的，一开始，江南是一个名词，承载着无数美好的景色；慢慢地，江南成了一幅画，杏花春雨，天青色的烟云，往来的油纸伞；后来，江南演绎成了诗情，有诗有歌，有味道有气息；而最后，江南成了一种独有的情怀，一种延续的文化。江南，就是江南，是独有的，是立体的，是每个中国人心里住着的桃花源。"拓展点睛"呈现的视野和高度，就在于与江南文脉共情，厚重江南作为文化符号的独特意韵。这，是对诗歌的放眼，是抵达意象的第四级阶梯。

四级阶梯重在内藏。让领悟和情感积淀下来，形成认知，内化为底蕴，形成气质，积淀为人格。这应该是诗歌教学的终极追求，也是意象价值的最终体现。

总之，通过创造意象和意境来抒情言志的诗歌，需要我们在教学中，用儿童的思维方式、用儿童成长的步伐宽度，有层次、有梯度地引领孩子走向意象的高度。

（深圳市坪山实验学校　庄泳程）

从诗意说开去

——听庄老师《江南春》有感

听完庄老师的这一节《江南春》，在满满的诗意中我想起了那句"一下雪，北京就成了北平，故宫就成了紫禁城"。正因为我们对生活充满了想象，保有天真，才使日复一日的生活有了不同，才能从苟且的生活中去相信远方的诗和美好。

这一节课，孩子们在庄老师的引导下，在字正腔圆朗读中、在快乐歌唱中、在圈画批注中、在表达运用中，慢慢构建起江南的初印象。或许脚步还未踏进江南，但已在这一节课里描摹出它的初模样。孩子们身虽未能至，然心向往之，向往那个杏花烟雨的江南，那个春来江水绿如蓝的江南，那个垂柳画舫遍布的江南，那个粉墙黛瓦的江南。在庄老师的渲染下，江南已成为一个美好的名词，一个美丽的去处。这个美丽的种子，这种诗意的印象，落在了学生内心深处，正慢慢生根、发芽。

叶嘉莹先生在评《人间词话》时说过一句"赤子心可贵，诗意之人总是难得的"。作为教师，我们就是要把学生培养成这种有诗意之人，通过诗词歌赋去点燃学生生命中的诗意因子，甚至让他们学会如诗人一般用语言文字去表达自己的喜怒哀乐，让生活中那些细腻的情绪有出处。

自古以来，多少名家是经历了坎坷的人生才成就伟大的作品的。在那个坎坷的当下，是诗意让失意有了出口。亦如苏东坡的那句"莫听穿林打叶声，何妨吟啸且徐行"。或许，诗歌与生俱来就是具有治愈功能的。培养学生成为诗意之人吧，让他们在漫长的人生中以诗为伴，或许失意之时也能通过诗意去排遣内心的苦闷，然后再过一种豁达的人生。

（深圳市坪山实验学校　刘富凌）

远方不远

——观庄老师《江南春》一课有感

诗意江南，烟雨蒙蒙，粉墙瓦黛……那个令人向往的江南，在我心里好像离我更近了，原来，远方并不远。一开始，江南是一个名词，那里承载着无数美好的景色，慢慢地，江南变成了一幅画，画里有山有水、有声有色、有人有情，再后来，江南成了一种心灵的抚慰，那里是一片浮躁世外的桃花源。好巧的是，我也很喜欢那位歌者的《江南》——"风到这里就是黏，黏住过客的思念，雨到这里缠成线，缠着我们流连人世间"；也曾憧憬我就是诗人笔下"撑着油纸伞，走在雨巷"的那个姑娘；更期盼我也能带给学生一种"诗意"的江南！走进庄老师的课堂，我把自己完全当成了学生——

杜牧是谁？江南又在哪里，是一个地方还是一个区域？为何诗人要写那里的春景？是那里的春景很特别，与其他地方不同？还是那里承载了特殊的记忆和感情？

课堂伊始，庄老师从诗人入手，让我们了解到杜牧就是那个写了"远上寒山石径斜，白云生处有人家"的人，是那个和伟大诗人李白、杜甫同朝代，同有"李杜"称号的"小李杜"之一。这样看来，他应该也是一个很有才华、很会写诗的人。他写的江南就在庄老师所出示的地图上靠东边的位置，在长江以南、钱塘江以北的地方，离我们广东好像有点远。

白居易还专门写了一首词提到对江南的念念不忘："日出江花红胜火，春来江水绿如蓝，能不忆江南？"那里的风景那么美，让诗人吃饭、睡觉、散步都在想，置身江南在想，身处塞外的时候也想，魂牵梦萦，牵肠挂肚。这究竟是一个怎样的地方？有那么吸引人吗？带着疑问却又期待的心情，我们和庄老师一起走进了杜牧的《江南春》。

中国是诗词的国度，诗歌是文化的瑰宝。诗该怎样读？听听庄老师怎么说：

读诗首先要字正腔圆，读出节奏。学生读，我也读，读准确，读出自己的节奏，应该是什么样的节奏呢？一位学生起来读，当读到"郭"时，庄老师点评"郭"字拖长给人无限遐想。是呀，"楼台""烟雨"这些都是可以给人无限遐想的名词呀！全班再次齐读，坐直了读，读出了另一种味道，这是一种有层次的指导朗读，一句点拨就起到了四两拨千斤的效果。再来看看，诗可以读可以唱，我们读可以读出味道，唱也可以唱出情调。全班跟着庄老师给的音频听，听着听着就唱出来了。

就这样一遍遍跟听跟唱，我的头脑中浮现了许多，我在想，学生的心里又在想些什么？此时的时间是属于学生对话诗歌，属于学生对话诗人，属于学生对话江南，属于学生对话自己的心灵，时间仿佛停止了，诗歌也悄然进入我们心里了。这不就是把课堂还给了学生吗？把思考留给了学生吗？再来问问学生"江南给了你什么印象？"学生有了初步的感受，自然也能表达：有说"花开遍地"、有说"万紫千红"、有说"世外桃源"、有说"乐园"……你看，连世外桃源都出来了，这种美好的意境已经离我们不远了。

了解江南还要到文字里去感悟。庄老师总能带着学生去探寻文字里的发现，到文字里走一走。再回到文本，学生开始圈画具体的景物，这些景物初看就是景物，经庄老师的解读和呈现，这些景物又变成了有动有静、有声有色的画面，有自然景观和人文景观的文化美，也有现代和古代的历史感。这样再读读，诗的层次清晰了，诗的内涵更多维了，诗的意境也更开阔了。

诗歌因联想而丰富。读诗，哪能离开想象呢？而想象又是文本的另一层解读，是学生的解读。庄老师让学生结合诗中的景物，展开丰富的想象，从诗中想起哪些词语呢？学生有答"细雨蒙蒙"、有答"万紫千红"、有答"人来人往"……我个人最喜欢的也是"人来人往"，这虽是一首写景诗，可是这么好的景没人欣赏岂不可惜？学生用自己的联想感觉到人们穿梭流连于这美景之中，人景辉映，多么和谐的一幕。也许诗人就是流连其中一人，也有可能学生自己以后也是流连其中一人，多么美好的期待！甚至，如果诗人再多写几句，会不会像这位学生想象的一样，把人也写进去呢？因为想象，这首诗多了一重生命力。

诗可以读可以唱还可以鉴赏，但鉴赏之于本堂课不是重点，所以庄老师引入最具影响力的《人民日报》评论，以简洁凝练的语言点名本诗的特点，让学生抽象地感知这首诗的魅力，感知这首诗里江南的魅力。

这江南曾经让歌手流连，让诗人徘徊，让多少人心驰神往，庄老师话锋一转，让学生结合其中一两句诗，说一说、写一写自己眼中的江南？学生再次沉浸在江南之中，用自己的语言写江南、望江南、感江南，"一千个读者就有一千个哈姆雷特"，每个人心中都真正住进了一个江南，江南还远吗？一点儿也不远，那个诗中的江南是诗人的，这个笔下的江南是自己的，这种获得早已不是背会一首诗能比拟的。

最后庄老师以《诗意江南》点睛，课至此，诗意江南虽已结束，但江南都留在了我们心中，成为不再是远方的一个远方！

（深圳市坪山实验学校　游彩霞）

谁道江南春事了

——观庄老师《江南春》一课有感

　　春风吹拂，莺鸟四处呖呖啼鸣；红绿相映，酒旗在山水之中迎风招展；烟雨蒙蒙，佛寺楼台林立于旖旎春光间时隐时现……虽已立冬，一首诗带我们重回春日的画卷；身处岭南，庄老师一堂课为我们敲开了江南门扉。庄老师的一节《江南春》以童趣的诵读、词话的积累、语言的品味、意境的想象为我们带来了诗情画意的享受，展现出了诗词的原生魅力。

一、以诗引诗，窥江南春究竟

　　教学片段1

　　课件出示白居易《忆江南》：日出江花红胜火，春来江水绿如蓝，能不忆江南？

　　师：白居易能不能不忆江南？（不能。）做不做得到不忆江南？（做不到）是啊，他吃饭的时候在——（忆江南），睡觉的时候在——（忆江南），离开江南后一直在——（忆江南），回到洛阳后还在——（忆江南）……他时时刻刻处处都在——（忆江南）。如果用四字词语来概括，可以称为——（欲罢不能，朝思暮想）。

　　在课堂导入阶段，庄老师通过"烟花三月下扬州"的扬州到"能不忆江南"的苏杭等诗句及地点，引导学生回忆故有知识，从了解江南的地理位置到创设情境、反复感受白居易对江南的念念不忘，将学生的视野一点一点带入江南之中、重温江南的美好，在"温故知新"的同时不仅增加了课堂的情趣，减少了学生对江南的陌生之感，还激发了他们对课文的好奇与兴趣。

二、读诗唱诗，品江南春气韵

诗词"语少意足，有无穷之味"。在《江南春》的诵读实践中，庄老师采用了自读、指名读、齐读、听音频跟读、唱读等多种形式，在反复吟诵中体会节奏的划分与平仄的变化。让我记忆犹新的是庄老师对学生的点评极具针对性，如"虽有节奏，但还差点味道"，"你的朗读字正腔圆、节奏分明"，"你的风格低沉，韵味十足"，"读要读出味道、唱要唱出情趣"，"'郭'字可以拖长，能让意境和想象更丰富"……相较我们平日朗读指导的"只可意会不可言传"，庄老师的提点能让学生快速沉浸到诗歌饱含的声色中去；再配上轻巧明快的音乐，一字一句均流露出江南春色的气韵神态。反复吟诵过后，学生不仅能熟读成诵，也慢慢嚼出其中的滋味，食其艺术琼浆。

三、书话词语，赏江南春姿态

教学片段2

学生活动：圈出诗中景物

师：8种景物、6个视角，浓缩在这28个字中。这些景物，有动有——（静），有声有——（色），有晴有——（雨），有自然景观也有——（人文建筑），有现代也有——（古代），如此和谐有序，这就是诗歌的魅力。

师：江南很美，而美好的事物总是能让我们想起那些耳熟能详的词语。比如和煦的风、纤细的雨，连在一起就是和风细雨。结合诗中的景物，展开丰富的想象，你还能从诗中想起哪些词语呢？

学生活动：不需举手，自由上台板书四字词语

赞科夫说："我们要努力使学习充满无拘无束的气氛，使学生和教师在课堂上能够自由地呼吸。"谁说板书只有老师能做？当课堂上同学们一个接一个地鼓起勇气走上台，书写下"烟雨蒙蒙、春意盎然、花红柳绿、莺歌燕舞……"这些词语时，良好的课堂氛围在不知不觉中形成了。一句诗浓缩成一个词，一个词绘成一幅画，这些碎片式的江南春景图一幅一幅地呈现在学生的面前，更重要的是这幅画卷不是教师为学生绘制的，而是由他们自己编织出来的。

四、情境演绎，探江南春意蕴

教学片段3

师：江南，一个听起来温柔清新、春风拂面的名字，古往今来不知在朦胧中迷醉了多少人。文字里走出的"江南"，让江南成了中国人心中的诗和远方。这一天，吹着风，下着雨，一位歌者来到这里，他轻轻地哼唱："风到这里就是黏，雨到这里缠成线。"这一天，同样的风，同样的雨，一位作家来到这里，他默默地吟咏："独自撑着油纸伞，徘徊在悠长的雨巷。"时光倒流一千年，还是同样的风雨，一位诗人来到这里，他不由赞叹："沾衣欲湿杏花雨，吹面不寒杨柳风。"而你又读到了一个怎样的江南？

江南，从古至今令人们魂牵梦萦、为人们津津乐道。为何人们对于江南会有难以割舍的情结，大抵不只因为那醉人的风景，也因为这缠绵的文字吧！传统的语文课中，我们总是将教学的思路禁锢在理解词句的意思之中，而忘了也许诗意理解越发明晰、对诗词意境的破坏也越发严重。庄老师课堂的独到之处正在于对诗词的解读远不止步于诗歌本身吧，一首流行歌、一句现代诗，都成了江南的缩影。孩子们眼中的江南场景也立体生动了起来："江南饱含历史的间距与厚重、是文化的传承"，"江南是一位气质温婉的女子"……学生不再只与杜牧同呼吸、共经历，他们的目光触碰到千年时光的流逝，看到了更远的地方。

五、心涌诗情，话江南春情长

课堂接近尾声，庄老师让学生发挥想象，调动语言积累，选择《江南春》中其中一两句，写出自己看到的江南。在教师层层深入的点拨后，孩子们的听觉、视觉、嗅觉都被逐一激活，笔触所及都将诗歌语言背后所蕴含的情景补充再现出来，甚至见杜牧之所未见、感杜牧之所未感，那些细腻流淌的文字、千年依旧的情怀在教室里弥漫开来。

课堂最后，庄老师与孩子们一起读了一首小诗《这就是江南》。白居易、苏东坡、张志和、陆游、韦庄、张养浩笔下的江南再现，孩子们与千年以来的诗人共情。我想，正如庄老师所说："希望江南这个符号永远留在大家心中。""谁道江南春事了"这节课也永远留在了我们心中。

（深圳市坪山实验学校　李晗）

看见心中的江南

——《江南春》听课后感

周三上午在锦龙小学的电教室里，有幸听了庄老师的一节古诗教学课《江南春》，听完有很多的感悟，也有很多的思考。

一节40分钟的课，正如王校长说的那样"这节课刻在了我的记忆里，也记在了我的心上"。烟雨蒙蒙的江南，莺歌燕舞的江南，桃花源一般的江南，听完课后，我也想要在春天去一趟江南，去感受那里的风，去看看那里的雨。我想，去到那里，也一定会想起庄老师的这节《江南春》。

庄老师课堂里的"江南"，是充满诗意的江南，是文人墨客的精神家园，是一种中国人独有的情怀，为了将"江南"这样的意象传递给学生，庄老师设计了7个教学环节：一是朗读酝酿；二是形象圈画；三是具象批注；四是抽象解读；五是情境渲染；六是写作提升；七是拓展点睛。7个教学环节环环相扣、层层递进，引导学生从了解诗中的江南开始，再到感受文化中的江南，最后形成了自己对"江南"的理解。教学过程中，不难发现学生的情绪是渐渐被调动起来的，学生在这样的教学设计中，从一开始不知道江南在哪儿，再到知道江南是怎样的，到最后有了自己对江南的理解，可见教师设计的巧妙。

除了环环相扣、层层递进的教学环节设计令人叹服，庄老师的课堂用语让课堂多了些温度。虽然是第一次见面的学生，但庄老师对每一位学生的点评用语都很有针对性，就像很熟悉的朋友一般，庄老师总能从学生的发言中找到亮点。渐渐地，会发现课堂上举手的学生越来越多，发言的声音越来越大。我想，是庄老师那有针对性的点评，那有温度的点评，激起了学生的学习兴趣，点燃了学生的学习信心。

课堂结束后，有现场的评课环节，其中有位老师问了一个问题——该如何备好一节古诗课。听到这个问题后，我不免想到自己的古诗课，总落入"解诗题""知诗人""明诗意""悟诗意"这样的套路，从理解题目开始，到感悟诗情结束，感觉方方面面都讲到了，但却又觉得这样讲的古诗很空泛、很无趣。而这次从庄老师的课堂当中，知道了自己之所以会有这样的感觉，是因为自己真的还没有"备好课"，要真的备好课，还需要更丰富的文化积淀，还需要多读书、多积累。只有这样，才能从杜牧的江南，看到白居易、张志和、苏东坡、陆游的江南，看到自己心中的江南，而更重要的，是让学生也看到了他们心中的江南！

（深圳市坪山区金田小学　温燕玲）

诗意江南，点燃孩子们的诗意人生

——《江南春》听课有感

古诗词是我们祖国文化的瑰宝，是中国文化历史长河中里璀璨的明珠，也蕴含着中国文人墨客的人文情怀和生活态度。在古诗词的神圣殿堂，像我这样才疏学浅的老师，一直不敢轻叩"诗词教学"的大门。上周，有幸观摩了庄泳程老师的古诗词教学——《江南春》，这一堂充满着浓浓语文味、以诗的方式教诗的古诗词课让我醍醐灌顶，大开眼界，引发了我对诗词课更多的思考。

一、诗中见江南，"犹抱琵琶半遮面"

庄老师简介诗人杜牧后，以课题为切入点，让学生谈谈自己对江南的印象。在学生对江南有了初期朦胧的印象后，庄老师出示江南的地图，学生对江南的地理位置有了大概的认知，庄老师便顺势而导，巧妙地把几首描写江南的古诗词拼接成一幅迷离的江南美图，从"故人西辞黄鹤楼，烟花三月下扬州"的扬州到"朝辞白帝彩云间，千里江陵一日还"的江陵至"日出江花红胜火，春来江水绿如蓝，能不忆江南"的大江南，从一句一句优美的诗词中，让学生对众多诗人"念念不忘"的江南心往神驰，激发了学生的求知欲和学习期待。而且，庄老师行云流水、诗意盎然的语言，全方位营造了一个妙可言说的诗意氛围，使课的一开始就充满着浓浓的语文味和文化气息。

二、读中识江南，"千呼万唤始出来"

有道是，三分诗，七分读。庄老师通过让学生自读、指名读、齐读、朗读、音频范读、配乐唱读等多种形式的读，引导学生以读促学、以读促思、以读促情。各种形式的读后，庄老师问道，江南给你留下了什么印象？学生通过静心读诗、潜心会诗，对上课伊始诗人笔下"犹抱琵琶半遮面"的江南有了较为清晰的轮廓，触摸到了一个万紫千红、如世外桃源般的江南。随后，庄老师步步深入，让学生圈出诗中的景物，并趁机把学习触角深入诗词背后更为深厚的人文内涵。当学生找到古诗中的"莺啼""水村""山郭""酒旗""寺庙""烟雨"等景物时，庄老师巧妙引导学生具象批注："结合诗中的景物，展开丰富的想象，你还能从诗中想起哪些词语呢？"把精练的诗词活化为生动鲜明的画面，让学生在景与文字中切换，使诗中有画、画中有诗且话中有诗，使学生感受到了江南的美和古诗的魅力。至此，诗人眼中的江南形象逐渐掀开了那层朦胧而神秘的面纱，"千呼万唤始出来"——学生从诗人的江南走进了自己眼中的江南。

三、鉴赏中品江南，"终识江南真面目"

当学生对江南"清晰可感"后，庄老师引用《人民日报》对《江南春》的点评，引导学生走进江南的意境、深入古诗的文化内核。随后，通过情景演绎，分别出示歌者的歌吟"风到这里就是黏，雨到这里缠成线"，作家戴望舒意象朦胧的诗词"独自撑着油纸伞，徘徊在悠长的雨巷"，以及一千多年前的诗人的由衷赞叹——"沾衣欲湿杏花雨，吹面不寒杨柳风"。从课内到课外，从诗歌到生活，把抽象化的意境具象化，这种穿越时空与江南的对话，使学生深刻领略了江南的"广阔""深邃"和"迷离"及其文化内核——江南，古往今来，都是中国人心中的诗和远方。此时，学生豁然开朗，"终识江南真面目"，眼中的江南多了浓浓的文化气息，多了厚厚的文化底蕴，多了一种别样的审美情趣和独特的情感体验。

四、写作提升赞江南，怎能不爱江南

庄老师带领学生由表及里、由浅入深地来了一场充满着诗情画意的江南之旅后，又巧妙提升主题，让学生结合学习内容，发挥想象，调动优美的语言积累，选择《江南春》中一两句，"写出你看到的江南"。因为有了之前的层层推进，此时江南已不再只在学生眼中，而是走进了他们的心里。江南，从最初的模糊变得立体、鲜活起来，他们对江南的赞美之情溢于言表，当一个个好词、一句句优美的词句从学生的笔尖流淌出来时，这已经在润物无声中点燃了他们思维的火苗，丰富了他们的语言积累，提升了他们的语文素养，激活了每个孩子的诗意人生。

本以为庄老师的课上到这里，已经"高不可攀"了，没想到庄老师在结课前，还有"神来之笔"，他自编了一首璧坐玑驰的诗歌，直指主题，让诗意江南的文化意向深深地刻在每一个学生、每一个听课老师心里，就如那条悠长的雨巷、那个撑着油纸伞的姑娘，会永远在人的心底回旋……

庄老师的课早已上完了，但这节充满灵气、充满智慧的高品位语文课及庄老师那温文儒雅的学者风范、那充满诗意的教学语言、那智慧巧妙的点拨、那以诗的方式教诗的独特教学方式，就如美丽迷离的江南一样，让人意犹未尽，久久不能忘怀……

（深圳市坪山实验学校　黄小玲）

诗歌教学的特质

近日，有幸跟着庄老师和工作室的小伙伴们前往锦龙小学送课。上午第二节，我们聆听了庄老师执教的一节诗教课：杜牧的《江南春》。在庄老师的课堂上，我做了一回幸福的学子，直到铃声响起，才告别了释志南、戴望舒、林俊杰的江南，从烟雨蒙蒙，诗意文化的江南的梦中苏醒了过来。庄老师的课如同《人民日报》评价杜牧的《江南春》一样具有广阔深邃的特点，同时我觉得还具有以下三个特质。

一、文本解读深入丰厚

庄老师把《江南春》做了层递式的解读：诗中江南，文化江南，学生眼中的江南。我觉这三种"江南"意蕴的解读极富逻辑和科学性。只有学生深入了解和感悟了诗中的江南和江南的意象，才能达到对江南文化的感悟和理解。因为具备了前两种意蕴充分的理解和感悟，才能形成学生个性化的理解，从而达成学生心目中江南的形成。这也是检验课堂生成和学生所得的最好的形式。

二、课堂厚重，呈现轻盈、诗意

庄老师为了让学生立体地理解"江南"的整体的文化意象，他通过7个步骤轻盈地呈现诗意文化的"江南"：①朗读酝酿；②形象圈画；③具象批注；④抽象解读；⑤情境渲染；⑥写作提升；⑦拓展点睛。庄老师在结合锦龙小学子的学情，特别是在朗读酝酿，通过指导朗读、范读、唱读等形式渲染，创设了江南春的诗意美丽的氛围和情绪；再通过形象圈画、具象批注、抽象解读和情境渲染等手段，润物无声地播撒江南文化的因子，让孩子们触摸到诗情画意的"具象的江南"，也感悟了不同诗人"抽象的文化江南"。最后通过结合诗句，描写你眼中的江南，把学生对《江南春》的心里情绪和情感化为了最美的想象和表达。庄老师创作的诗歌《这就是江南》，满足了学生对江南美的所有想象和表达，也给学生的创作种下了传统文化的种子，我觉得这是最美的"言传身教"。

三、个性化的激励性评价，激发了学生的学习兴趣

庄老师课堂的评价语，犹如一支魔法之笔，激活了学生思维和学习的积极性。对于朗读薄弱的孩子，庄老师的评价是：你的朗读很清晰；胆小的孩子听了之后，笑容来了。一个"美丽"足以。这样充满温度和激励的评价，让孩子们内心充满了阳光和力量。他们一定会爱上语文，爱上江南。

（深圳市坪山实验学校　曹美珍）

诗意江南，诗意课堂

　　有幸聆听庄老师的一节《江南春》，打开了我对诗歌教学认识的新世界。我觉得，庄老师最妙的是，春风化雨般将"江南"种到了每一位学生的心里。

　　课堂是厚重的，在庄老师的引领下，学生通过朗读酝酿、形象圈画、具象批注、抽象解读、情境渲染、写作提升、拓展点睛，步步为营，层层深入，感知诗人笔下的江南、文化意向中的江南，进而在自己的脑海中构建属于自己的"江南"；课堂又是轻盈的，庄老师带领学生结合诗歌内容，打开想象的大门，积累词语，再将心中所想，转化为笔下所言，将优美的语言积累内化为自己的语言，有机输出，简直妙不可言。

　　听完了课，我梳理了好几遍，每一遍都禁不住赞叹庄老师的"诗意课堂"，对于学生来说，他们进入了诗意诗歌的桃花源；对于我来说，打开了诗歌教学的新世界。审视自己的语文课堂，缺少牛嚼，缺少提炼，缺少思考，缺失打动……

　　我想，接下来我应该做的，就是"带着厚实的准备，从容地走进语文课堂"。

（深圳市坪山区金田小学　陈映霞）

《走近苏轼》教学案例

小立课程　大作功夫

郭思乐教授在《教育激扬生命》里，就学生观、教师观、课程观做了清晰而生动的定位，本人读来有醍醐灌顶之感。于学生观，郭教授认为教育的本质是学生的生命发展，这种发展必须通过自己的自主学习来实现。这种学习，不是刻意的，而是自然发生的，就像吃饭和喝水一样，是无须教的。于教师观，郭教授认为教师是学生发展的帮助者，教师不是纤夫，而应该是牧者，牧者就是要把牛羊带往水草丰美的地方让它们自己吃草，教师就是要为学生提供优质的课程让学生自己去学习。于课程观，郭教授认为课程变革关键在于国家课程教师化，教师课程学生化，教师能否具有课程转化能力，将直接决定课程面貌。

细悟郭教授的观点，我认为教师、学生、课程三者的关联可以这样表述：教师将国家课程转化为教师课程直至学生课程，学生借助教师转化的课程，依靠自主学习，来实现生命的有效发展。可见，教师的课程转化能力，处于重要的位置。

教师的课程转化能力当然包括课程的开发能力。由此，想起了朱熹所说的"小立课程，大作功夫"。小立课程当然是指课程的精简，大作功夫则在于学生拥有学习的天性和潜能，通过自己的学习活动，能获得反映人类高深智慧的知识。这就启示我们，教师开发课程可从小处着眼、从小系统入手，当一个个小系统建立起来的时候，大的学习系统也就悄悄建立了。

基于以上思考，我结合自己的兴趣特长所在，适时推出一些小而精的课程，以期在课本（正餐）之外，适时、适量地给孩子增添一些成长所必需的精神营养。更为难得的是，我还找到了一群有共同兴趣的知音，组成了一个团队，并先后开发了"文化名人微课程""文学名著微课程"等系列课程。

当然，开发出来的课程，是否真的适合学生，会不会拔高而显得儿童视角不足，会不会降低而显得缺乏文化味，都需要到实践中去检验和衡量。

作为苏轼的一个超级粉丝，我曾阅读了苏轼的大量作品，看过各种关于苏轼的纪录片，精读了林语堂的《苏东坡传》，一次次沉醉于苏轼诗词下那美好的意境和天马行空的想象力，一次次震撼于苏轼在他人的苟且中活出自己潇洒的豁达和生命领悟力，这一种沉醉、这一份震撼，我迫切希望与学生分享。于是我开发了一个《有趣的苏轼》的微课程。

苏东坡不仅是奇才，是全才，更是一个可亲可敬的人。余秋雨认为，苏东坡身上体现的是一个可亲可爱的形象。选择"有趣"作为走近苏东坡的视角，不仅为了让学生趣中得"学"、学中得"趣"，更是为了让学生触及一个可亲可爱的苏东坡形象。整个微课程设计为三种课型，即阅读教学课以"志趣""雅趣""情趣"为纲，以苏轼各个时期的代表作品为目的，借由具体的文学作品让学生感知苏轼之人品与文品。实践探究课以"读万卷书，行万里路"为实践探究活动口号，展开阅读甚或实地观摩之旅。展示交流课以"东坡留响"为主题，通过吟诵东坡诗、饰演东坡剧、临摹东坡字、东坡诗词大赛等活动形式，展示学习探究成果，达成对苏东坡作为华夏文化符号的圆融理解。

学生借助教师开发的课程，能否通过自己的自主学习，走近苏轼呢？我们进行了尝试。

（深圳市坪山实验学校　庄泳程）

"有""无"之中见苏轼

一、教学内容

苏轼的《红梅》《定风波》，相关生平资料

二、教学目标

（1）通过学习《红梅》《定风波》，感悟梅格，领悟人格，在对比中体会苏轼由怕到不怕、由有起伏到无风雨的心路历程，进而领悟苏轼不屈不惧的人格。

（2）通过学习苏轼的生平资料，较为清晰地感知苏轼在别人的苟且中活出自己的潇洒，从而饶有兴趣地走近苏轼，阅读苏轼的相关作品。

三、集体解读实录

庄泳程：这一节课，期待通过苏轼作品的学习，让学生走近苏轼，为学生课后真正阅读苏轼打开一扇窗。初步选定的教学内容是《红梅》《临江仙》《定风波》，之所以选择这三个作品，是因为有时间轴上的关联，苏轼被贬黄州两年后创作了《红梅》，之后是《临江仙》，再之后就是《定风波》，这段时间是苏轼对于人生、对于生命的领悟发生蜕变的阶段，通过时间轴上的作品，可以窥见苏轼生命态度的转变历程，让学生触摸到一个更为立体有温度的苏轼。

庄泳程：就这三个作品的解读及相关的设计，请各位老师谈谈想法。

张文：可从纵、横两个方面进行对比阅读。第一，横向对比。石延年与苏轼笔下不同的红梅形象。突出"怕、恐、故作、无端、未肯"，在这些字眼中，去体味"坚持"背后的"复杂与冲突"。石延年与苏轼眼中红梅的不同状态，体现的是两人不同的心态。在苏轼的身上反映出个人在时局中的艰难处境，然而又不肯妥协、直面困难、坚持坚守的品质。第二，纵向对比。《临江仙》是一种情绪的反复。"仿佛三更"是恍惚状态，"长恨、营营"体现内心的纠结，"小舟从此逝，江海寄余生"，是一种洒脱吗？或者更多的是一种反复和无奈。《定风波》中，"莫听、何妨、任"等率性词语，真正体现一种随性和释然，"轻胜马"表现为内心的轻盈，"有"和"无"的对比中更表现出苏轼的豁达。总之，苏轼是一个内心非常丰富、性格非常多面的人物，是无法被定义的诗人，读懂苏轼，需要通过更多的苏轼作品去阐释。

刘富凌：学生学习《红梅》是有经验的，他们学过《竹石》《墨梅》《石灰吟》，懂得借物喻人、托物言志的表现手法。而把《红梅》《临江仙》《定风波》放在一起阅读，则共性在于心境，不同的心境。《红梅》写于被贬黄州第二年，此刻是苏轼最痛苦的时候，所以他写出了一个"愁美人"的形象——红梅，说明苏轼的内心对被贬还是耿耿于怀；《临江仙》写于被贬黄州第三年，此时心境矛盾，想入世又想出世，处于矛盾纠结中，豁达又伤感；《定风波》时则是另外的境界，可以说精神已有慰藉、达到完全豁达状态，可以"一蓑烟雨任平生"啊！

李晗：就《红梅》《定风波》来说，一首诗、一首词，如何糅在一起？还是要从景入手，入境、悟情，最后是探心。这应该可以成为学习的基本思路。

郑云霞：三首诗词中，《红梅》最难读，学生应该也是最难懂。我的解读与富凌相近，但如何表现苏轼的形象变化，有一句话可以很好概括：黄州之后，济世的苏轼走了，诗人的苏轼来了。

陈奕媚：《红梅》教学，首先可从颜色词语入手，从看到一朵花到一棵梅，再到领悟梅格，最后见到一个人。

林嘉馨：我认为《红梅》的诗眼是"未肯"，所谓"托物言志"，苏轼在此要表达的志是"未肯"，既不迎合新党，也没有站在旧党的立场，他坚持的是自己！

庄泳程：解读已基本到位。从大家分析看，一节课完成三个作品的学习，对于学生来说确有难度，那就只选取《红梅》和《定风波》，从一首词到一首词，从困顿惊恐到放下豁达，还是较能勾勒苏轼的风貌的。当然，对于学生学习过程的障碍还要做充分的预设，比如，如何让梅格与人格关联，如何呈现《红梅》到《定风波》的心路历程变化，还需细细梳理相关背景材料，并组织成语言文字，让学生在短时间内读到最有含量、最有用的信息，这当然也体现教师的课程能力。

（深圳市坪山实验学校　庄泳程、张文、刘富凌、陈奕媚、
李晗、郑云霞、林嘉馨）

人梅合一　两相契合

——《走近苏轼》教学实录

一、课前交流：我心目中的苏轼

师：今天我们来学习一个特别的专题——《走近苏轼》。课前同学们已经

阅读了《才华横溢的苏轼》，说说读完后苏轼给你留下了怎样的印象。

生：苏轼是一个心态非常好的人，他被贬到海南，但是他没有灰心，他还为在瘟疫中受苦的人们熬药。

生：苏轼是一个天才，不仅会书法、绘画，还会做菜。

生：比较潇洒。他把别人的苟且活成了潇洒。他在被贬官路上，与渔夫打鱼时，写了一首诗。看荷花时，也写了一首诗。

师：他是一个潇洒的人，善于作诗，能够把生活放进诗情画意中。

生：他是一个非常有才华的人。他在生活中的一颦一笑、一喜一怒皆可成诗。在西湖边可作诗，在西夏入侵大宋时他作诗，想念亲弟弟时他作诗，他用诗歌来表达自己的内心。

生：苏轼是个心态好、才华横溢的人。正因为他心态好，才能将他才华横溢的一面表现出来。他一生不是被贬官，就是在被贬官的路上，但他依旧乐观，继续写诗。

师：他的才华与他乐观的性格是有关系的，这个观点很独特，相得益彰。

生：苏轼有一颗报答国家的心，即使被贬官了，他也负起自己的责任。

师：他有一颗爱国之心，虽然身处逆境，但对于这个国家、这个民族的爱，从来没有变化。

师：苏轼是一个难得的全才，是一个有趣的人。俗话说，诗以言志，苏轼是一个伟大的诗人，要真切地走近苏轼，最好的方式是阅读他的诗文。今天，我们先来学习苏轼创作的一首诗《红梅》、一首词《定风波》。

二、品读《红梅》，通过梅格领悟人格

师：在宋代，梅花成了淡雅精神的象征，成了诗人的最爱。有"梅妻鹤子"之称的林逋写了一首《山园小梅》，其中有这样的诗句：（生齐读）疏影横斜水清浅，暗香浮动月黄昏。

师：林逋笔下的红梅，它的形状是——（生）疏影横斜的，它的花香是——（生）暗香浮动的，树影稀疏，虬枝横斜，淡淡幽香，神清骨冷，写出了红梅的神韵，可谓咏梅绝唱。

师：有一个叫石延年的写了一首《红梅》，其中有这样的诗句：（生齐读）认桃无绿叶，辨杏有青枝。

师：石延年认为辨别梅与桃树、杏树的区别是看——（生）"无绿叶"和"有青枝"，苏轼认为写红梅不能只看绿叶与青枝，更重要的是写出梅花的品格，就是梅格。石延年只写出了梅花的外形，有形无神，是写红梅的一个败笔。所以苏轼写了一首诗来反驳他，这就是《红梅》：（出示）怕愁贪睡独开迟，自恐冰容不入时。故作小红桃杏色，尚余孤瘦雪霜姿。寒心未肯随春态，酒晕无端上玉肌。诗老不知梅格在，更看绿叶与青枝。

（生个别朗读、全班齐读）

师：声音清亮，读音标准，字正腔圆。但读诗与读文章不同，读诗讲究节奏、韵味。比如颔联"尚余孤瘦雪霜姿"，在"尚余"后有停顿，让人有遐想的空间，究竟尚余下什么呢？这样读起来会显得有板有眼。（生练读，全班齐读）

师：读着读着，每一个字、每一个词都会进入你的眼睛，进入你的心里。字里行间会勾勒出红梅的形象，你看到了吗？善于读书的同学还能领悟到红梅的品格。请大家再读两遍，读慢一点，慢慢领悟。

师：苏轼说"诗老不知梅格在"，"诗老"是谁？

生：石延年。

师：石延年不懂得梅格，梅格就是梅花的——（生）品格。

师：苏轼的这首诗中有没有写出红梅的品格呢？请大家再读一遍，要努力透过字里行间看见一棵梅树，感触到它的品格。读慢一点，慢慢领悟。（生再读）

师：看见了吗？怎样的梅树？怎样的梅格？不要着急，我们一起来探究。在中国文化的视域中，一般形容梅格的有这些词语：（出示）玉洁冰清、不流世俗、孤标傲世、傲雪凌霜、凌寒独放、俏不争春、铮铮铁骨、疏影暗香、一枝独秀、冷艳清绝。下面请大家回到诗中，你觉得诗里哪些细节表现了红梅的品格，你就把相关的词语作为批注写下来。比如"冰容"二字，"自恐冰容不入时"，我们可以联想到它怎样的品格？

生：玉洁冰清。

师：读诗就是这样，似解非解，意会最美！试一试寻找细节，越多越好。

生：我从"寒心未肯随春态"，读出了它的"俏不争春"。红梅在冬天很美，不想随着春天的转变，从"未肯"看出了它不想与百花争奇斗艳，因此，也可以用"一枝独秀"来形容。

师：百花争艳时，不肯流俗。百花隐去时，它才开放。非常好，大胆地说出自己的想法，有思考，有理且有据。

生：我从"尚余孤瘦雪霜姿"中读出了傲雪凌霜、冷艳清绝。冬天，只有梅花在开放，给人一种孤傲冷艳的感觉。

师：傲雪凌霜，不惧严寒。这是梅格所在。中国有句成语：瘦有风骨。林逋的"疏影横斜"表现的就是红梅孤瘦清绝的神韵。这个理解也是可以的，诗无达诂，没有固定的答案。

生：我觉得冷艳清绝也可以用来形容"酒晕无端上玉肌"，因为梅花是非常自持、玉洁冰清的，酒晕让我感觉到它有点娇羞，淡淡的红色晕开在红梅里，所以可以用冷艳清绝来形容。

生：我从"寒心未肯随春态"看出梅花的不流世俗。春天是百花争放的，红梅并不随着春天的来临而开放，不与百花争春。

师：俏不争春，待到山花烂漫时，它才在丛中出现，此时，它是一枝独秀。

生：我从"怕愁贪睡独开迟"的"独开迟"中，读出了不流世俗。其他花都开放时，它因为害怕忧愁而贪念睡觉。其他花凋谢时，它才开，这就是它与其他花不同之处。

师：这是一种怎样的品格？

生：不流世俗。

师：刚刚我们通过这首诗、这些词语去领悟一种梅格。在苏轼这首56个字的诗中，同学们读出了梅花的品格。当然，看到梅，更要看到人，这个人是——（生）苏轼。你从诗里看到一个怎样的苏轼？让我们结合当时的写作背景来了解。

（出示写作背景，学生齐读）苏轼，又叫苏东坡。他才华横溢，堪称中国文学史上的全才。他的才华引起了一些小人的妒忌，这些人抓住机会，把苏轼关进了监狱。这就是著名的"乌台诗案"。被关了一百多天后，苏轼被贬到了黄州。黄州是一片萧索之地，连接黄州与外地的只有一条古老的驿道。贬官黄州，对苏轼打击是最大的，刚到黄州，苏轼惊魂未定，整天闭门不出，他以为这一辈子就完了。平生亲友，没人给他来一封信，即使他写信给他们，也没有人回信。深夜梦醒，伴随他的只有彻骨的孤寂。《红梅》就是创作于他流放黄州的第二年。

师：将这个背景与这首诗放在一起，我们来全面地考量一下，你看到了怎样的苏轼？

生：苏轼的品格与红梅的品格很像，这是借物喻人。苏轼在贬官时，写了这首诗。他在被贬官依然没有放弃写作，身处逆境，依然非常潇洒，一枝独秀。

生：红梅"寒心未肯随春态"，不愿于春天开放，而在寒冬里开放。像苏轼一样，在朝廷中虽不受重用，但在流放时也有人爱慕他。

师：梅花"不入时"，苏轼在当时的官场中，也与他人格格不入，但他不愿随波逐流，所以是"未肯随春态"。

生：苏轼与梅花有一样的品格，就拿西夏入侵大宋时，有人建议投降，但苏轼绝不投降。如果把西夏比作寒风，把红梅比作苏轼，寒风入侵红梅时，红梅坚决不投降，要与寒风争斗，所以它才会在冬天开放。所以，我觉得苏轼的品格与红梅一样，不惧严霜。

生："故作小桃红杏色，尚余孤瘦雪霜姿。"苏轼虽然是个凡人，但他的才华与众不同，鹤立鸡群，就像那句话"是金子总是会发光的"。

师：在这首诗中，我们看到了与梅花一样的苏轼。虽然冰容不入时，但寒心依然不肯随春意；表面是小红桃杏色，骨子里却是孤傲雪霜枝。除了梅花一样的孤标傲世，铮铮铁骨，还有一些细节值得我们注意，比如，夹杂其中的有"怕""恐"，还有"愁"，你关注到了吗？要学会倾听文本的声音，不放过任何细节。苏轼在怕什么？在愁什么？是什么令他惊恐？你读出来了吗？发现了吗？（生再读背景资料）

生：怕没人给他写信，恐的是自己给亲友写信而没有人回他。

生：我觉得苏轼被害之后，被贬黄州时，惊魂未定，不知道为何被害，他也在想为什么没人给他回信。

生：他惊恐的是未来的路是否还会更加波折，他担心那些小人还会不会进一步迫害他，他更担心从此见不到自己的亲人朋友了。

师：苏轼之前是一帆风顺的，突然被小人所害，投入监狱，他真的以为这辈子就完了。因此，刚到黄州时，他闭门不出，整整两年，他都不敢踏出家门，惊魂未定。我们读苏轼，不能把他神化，他也是凡人，他也会害怕，也有惊恐的时候。

三、对比阅读《定风波》，领悟苏轼思想的变化

师：《红梅》写于他到黄州的第二年，在创作《红梅》一年之后，苏轼写下了《定风波》这首词，此时的苏轼有何不同呢？出示《定风波》及其诗意。（生读）莫听穿林打叶声，何妨吟啸且徐行。竹杖芒鞋轻胜马，谁怕？一蓑烟雨任平生。料峭春风吹酒醒，微冷，山头斜照却相迎。回首向来萧瑟处，归去，也无风雨也无晴。不用注意那穿林打叶的雨声，不妨一边吟咏长啸，一边悠然地走。竹杖和草鞋轻便得胜过骑马，有什么可怕的。一身蓑衣任凭风吹雨打，照样过我的一生。春风微凉，将我的酒意吹醒，寒意初上，山头的斜阳却应时相迎。回头望一眼走过来的地方，回去了，对我来说，既无所谓风雨，也无所谓天晴。

师：把诗词放在一起，会有一些相似的字眼，咱们来对比一下，一年时间，苏轼有怎样的变化。《红梅》当时是一种惊恐的状态，一年以后，他创作了《定风波》，此时的苏轼有什么不同？

生：一年后，他就算自己穿着一身蓑衣，任凭风吹雨打，别人又能拿他怎么样呢？

师：此时，用一个词来形容他，应该是怎样的？

生：潇洒。

生：《红梅》里有"怕"，《定风波》里有"不怕"，形成了鲜明的对比。《红梅》中，他觉得一生可能就这样完了。但在《定风波》中，他觉得这样苟且过完一生是毫无乐趣的。"莫听穿林打叶声，何妨吟啸且徐行"，可以看出他写《定风波》时，已经不害怕流言蜚语和小人，而是一心做好自己。

师："也无风雨也无晴"，自然界里的风雨对他来说没有区别，内心自然已释然。在《红梅》中，他的内心还是有起伏的。

师：读着读着，苏轼在我们心中的形象也越来越饱满。

生：苏轼过了一年后，从去年的懦弱退缩变成现在的生龙活虎。从"一蓑烟雨任平生。料峭春风吹酒醒"可以体现出来。去年喝酒都喝晕了，很苦闷，现在醉了醒过来就觉得无所谓。（全场笑）

生：从去年的苟且活到今年的乐观。"料峭春风吹酒醒"。去年在醉酒中，今年就酒醒了。

师：这是两种状态。借酒消愁，酒后清醒。从纠结到豁达，这种变化只用了一年时间。苏轼之所以让人钦佩，不仅在于他的才华，更在于他对于人生的洞彻、领悟。他能够快速地走出困境，对人生的顿悟上升到了一个新的境界。

四、写作内化，走进苏轼内心

师：设想一下，面对有负担、有起伏的苏轼，豁达又淡然的苏轼会怎么开导他？假如你是写《定风波》时的苏轼，你怎么劝解写《红梅》时又怕又恐的苏轼？请写一段话。把你对诗的理解融进你的写话中。

生：你在干什么？外面的世界很精彩，不要放弃自己。流言蜚语没有什么，就像你被纸割到一样，虽然疼，但是一点也不严重。它们也就像雨滴，打在你身上，你会淋湿，但是如果你躲在屋檐底下，你哪儿都去不了，所以要勇敢地走出去。

师：你是他的知音啊！（全场掌声）

生：苏轼，就算你被贬官，你也要以乐观的精神对待这个世界；就算你每天闭门不出，到头来还是会折磨自己的精神，何不用一种乐观的精神快乐潇洒地过完这一生。

生：被小人关进监狱又如何，他们都是嫉妒你的才华。像这种人都会遭报应（全场笑），你要振作起来。人的一生不能因为一点起伏而堕落，要乐观下去，你的家人还等着你。

生：你不能像井底之蛙一样，在井底苟且地活着，你一定要坚强地走下去，当你回头看你之前走过的地方，你就会发现，这也没什么大不了的。

生：何必忧愁，何必惊恐呢？做好自己，不必为了别人而改变。任凭风吹雨打，照样过你的一生。

生：不用在意那朝廷上的流言蜚语，你的才华可以肆无忌惮地显露出来，任凭那风吹雨打，你也可以潇洒豁达，当你发现了这点，回头望一眼一年前的自己，你会发现，这是多么可笑啊！（掌声）

生：苏轼你难道不觉得你的行为很可笑吗？那只是因为小人妒忌你罢了，振作起来，再去反抗，再去为国家效力，重新做回自己。纵使你被贬了，你也可以活得比他们更潇洒。

生：怕什么？那些人总会有报应的，要勇敢走出困境。房子是挡不住火的，你待在屋子里就会被烧死，走出来才能发现救命的水。

生：红梅虽好，但只在冬季开。难不成你要永远当红梅，躲在冬季的懦弱里吗？不用注意那些细碎的小事，不如开心一点。

师：你的理解有一点小偏差。红梅精神正是苏轼铮铮铁骨的表现啊！当然，你的意思应该还包括，劝苏轼不仅要待在冬天，还应该走出冬天，走向春天、夏天和秋天，活出真正的自我。

生：苏轼，你还有那么长的路要走，难道你要一辈子窝在家里吗？你天天喝酒，以前的你是多么潇洒啊，如今那么窝囊，你好好想想吧！（全场笑）

生：走出困境吧，就算那些小人把你关进大牢，也关不住你的才华。"生活不只眼前的苟且，还有诗和远方。"你可以走出来，将你的才华发扬光大，不必在意那些小人的暗算。（掌声）

生：大丈夫何怕打叶声，春风吹醒潇洒志。如果你不想待在别人的伞下，就勇敢大步向前。就算你被风雨吹打得遍体鳞伤，依然可以抬头挺胸，那时，你潇洒地回头看一看，会有一串很长的脚印通向远方。（掌声）

师：来到黄州，刚开始是苦闷的。但仅仅一年的时间，苏轼就发生了脱胎换骨的变化。所以，很多人认为苏轼真正在文化上的突围，是到黄州以后。生活的磨砺成就了他，难怪有人说，济世的苏轼走了，诗人的苏轼来了。

五、总结并推荐阅读

师：今天通过这一诗一词，我们感悟梅格、领悟人格。但是，这仅仅是走近了苏轼。苏轼是一个复杂的人、多面的人。（出示介绍，全班齐读）"苏东坡是个秉性难改的乐天派，是悲天悯人的道德家，是黎民百姓的好朋友，是散文作家，是新派的画家，是伟大的书法家，是酿酒的实验者，是工程师，是假道学的反对派，是瑜伽术的修炼者，是佛教徒，是士大夫，是皇帝的秘书，是饮酒成瘾者，是心肠慈悲的法官，是政治上的坚持己见者，是月下的漫步者，是诗人，是生性诙谐爱开玩笑的人。可是这些也许还不足以勾绘出苏东坡的全貌。"

师：林语堂评价苏东坡，有二十个"是"，但即使这二十个"是"，也不足以勾勒出苏东坡的全貌。阅读苏东坡，光靠这节课是远远不够的，苏东坡，是可以常读常新的。希望通过今天的学习，能为大家打开一扇阅读苏轼的窗口，在今后的阅读中真正走近苏轼。

师：老师为大家推荐阅读苏轼的诗歌及相关著作：①林语堂的书《苏东坡传》；②余秋雨的文章《苏东坡突围》。下一次，老师将带领大家走近一个更全面的苏轼。

（深圳市坪山实验学校　林泽苗）

梅香飘远，傲骨犹存

2018年10月11日，乘着学校平实课堂推进的东风，我有幸去聆听了市优秀教师——庄泳程老师执教的《走近苏轼》，不仅见识到了庄老师作为大师的风采，其精彩的教学课例展示让我惊叹不已、受益良多、感触颇深。同时，随着课堂讲解的深入，我仿佛也走进了1000年前的盛世中那个郁郁不得志，却有着铮铮铁骨、凌寒孤傲的苏东坡的内心。接下来，谈一谈我对这节课的浅显认识和感受。

一、原动力——让学生带着问题走进课堂

语文教学发展的内在原动力就是让学生带着问题走进课堂。庄老师提前布置学习任务，让学生课下提前收集、阅读苏轼的资料，对苏轼有一个基本的认识和了解，为课堂学习做好铺垫。课前交流时抛出问题：苏轼在你们心目中留下了怎样的印象？提醒学生迅速将对苏轼的认识进行整合，做出回答。同时，也间接地告诉学生和观课老师，学习不仅仅是课堂上的事，它在课堂之前就已经发生了。只有这样，学生才能在预习准备中发现问题，在课堂中有针对性地听课。

二、助力器——用问题为学生搭建学习的台阶

语文课堂的学习不是一步到位，而是需要一个个有阶梯性的问题来点燃学生的思维。庄老师先由林逋的《山园小梅》和石延年的《红梅》导出苏轼的《红梅》，后重点集中在寻找、品味苏轼诗歌中所体现出的梅花品格。继而提出一个问题：从中你看到了一个什么样的苏轼？并用简洁的语言交代作诗的背景，将学生的认知思维推向更高的层次。深入学习《红梅》一诗后，出示苏轼的另一首词《定风波》，学生在先前学习的基础上，品味这两首诗的不同，从中领悟发现苏轼身上那种面对逆境、豁达乐观的人生态度。最后，设置一个小练笔环节，带着学生乘着时光机回到1000年前，想象通透豁达的苏轼遇到了困顿、潦倒的苏轼会说些什么？庄老师的课堂就是这样用一个一个的精彩提问串联起来，帮助学生一个台阶一个台阶地往上走。

三、加油站——学生带着问题走出课堂

语文教学仅仅依靠课堂的40分钟是远远不够的，课堂的学习只是一个依托，更重要的是能够激发学生将学习动力延伸到课后，那么课堂的结尾处尤其重要。庄老师最后的一句话，让我印象深刻——济世的苏轼走了，诗人的苏轼来了。一句话，萦绕心间，回味隽永。学生通过课堂的学习对于苏轼的兴致正浓，至此，庄老师"顺水推舟"推荐学生课下去阅读林语堂的《苏东坡传》和余秋雨的《苏东坡交困》，更全面地走近苏轼、了解苏轼。经过一节课的学习，似乎苏轼的形象在学生面前渐渐清晰起来，但却又有些模糊，这些疑惑都能激励学生把学习活动延展到课下阅读，进一步增加、拓展知识，为后面的学习加油打气。

纵观整节课，我们看到了1000年前那位有着傲雪凌霜、不屈世俗的苏轼，更看到了如今带着学生在语文课堂中畅游的庄泳程老师。那梅花的香味逐渐飘远，失意的苏轼也渐渐走出了人生的阴霾，而那铮铮傲骨却是他抹不去的品格印记。庄老师的课堂虽然结束了，但他那如苏轼那样的梅格——坚持自我、疏影暗香、不流世俗的人生和教学态度让我更加震撼。我想，这也是我自己在以后的成长道路上最需要学习的吧！

（深圳市坪山实验学校　叶会利）

在平实课堂中聆听生命拔节生长的声音

庄老师每次上公开课，吸引到场的不仅有语文老师，还有音乐老师、美术老师、体育老师，如今天一般，济济一堂。我们都知道，听庄老师上课，是审美的享受，是文化的盛宴。

庄老师的这节课以《红梅》和《定风坡》为例，从诗到词，从"梅格"到"人格"，引导学生一步步走近苏轼，了解他的生平经历，感受他的内心世界：从怕到不怕，从"有起伏"到"无风雨"，在字里行间触摸到了一个有血有肉的苏轼。精心的设计让学生在这节课中不仅收获了知识、技能，更重要的是还受到了文化的熏陶。这样的课堂，收获颇丰的不仅是听课的学生，还有在场听课的教师，我们带着期待而来，带着疑问而去：作为教师，你要给学生上一节什么样的语文课？厚重的教学理念如何在实际教学中显得轻盈？如何根据学情给学生搭设梯子？这些在脑海中一一蹦出的问题，在思考中有了更清晰的答案，前进的路上也就有了更坚定的方向。

一、设计：厚重理念平实设计

2022年版的《义务教育语文课程标准》提出：语文课程强调以核心素养为本。语文核心素养是学生在积极的语言实践活动中积累与构建起来的，并在真实的语言运用情境中表现出来的语言能力及其品质；是学生在语文学习中获得的语言知识与语言能力，思维方法与思维品质，情感、态度与价值观的综合体现，包括语言建构与运用、思维发展与提升、审美鉴赏与创造、文化传承与理解。

"走近苏轼"就是以丰富学生的语文素养、培养学生的文化根基为根本出发点。它不同于传统意义上的语文教材，是庄老师自己开发的、为学生所需的、为教师所用的"正餐"（语文教材）之外的补充营养的微型课程。这样开放而富有创新活力的课程，让教师的个人魅力得以展现，学生的能力得以提高、精神得以熏陶、视野得以开阔，可谓一举多得。

有了厚重的理念支撑，我们还要思考如何切实落地、轻盈设计？纵观这节课的教学目标，庄老师以《红梅》和《定风波》为抓手，巧妙设计教学环节"谈一谈、比一比、想一想、读一读、悟一悟"，引导学生在对比中体会苏轼由"怕"到"不怕"、由"有起伏"到"无风雨"的心路历程，进而领悟苏轼不屈不惧的人格。在庄老师的引导下，学生多次品读诗词，在感悟中慢慢有了对苏轼的印象：他在别人的苟且中活出了自己的潇洒。

纵观整节课，庄老师的课堂没有花哨的架子，没有热闹的活动，有的只是让学生在读中悟、在悟中读，看似简单，实则巧妙。"高大上的理念"需要在"接地气的设计"中体现，才能落地生根，涵养学生。我想这就是"平实"吧，平凡又扎实。

二、课堂：以学定教生本课堂

苏轼的《红梅》和《定风波》对于六年级学生来说，是有一定难度的。尤其是《红梅》，读起来，相当拗口；理解起来，艰涩难懂。何况，我们要孩子在一节课40分钟内读通并学懂，更是难上加难了。那么，庄老师是如何搭设桥梁，连通教学内容和学情，变不可能为可能呢？

1. 课前铺垫，奠定印象

庄老师通过课前指导学生阅读《才华横溢的苏轼》，让学生带着对苏轼的大致印象走进课堂的学习。课堂伊始，他以"谈谈你对苏轼的印象"这样的问题，顺势带着学生进入苏轼诗文的学习。课前的阅读指导材料让学生对苏轼有了初步的认识。他们带着自己的认知，能更快地走进教师所预设的环节，走进课堂所营造的气氛。

2. 课中造"梯"，降低难度

为了更有效地达成教学目标，让学生感悟梅格、领悟人格，庄老师有意识地给学生搭设了"梯子"：介绍林逋的《山园小梅》、石延年的《红梅》，在三首描写红梅的诗文中，让学生对梅格有初步的认识；介绍《红梅》写作背景，让学生了解苏轼的创作历程；出示形容梅格的词语，让学生借此畅谈梅花的品格；出示诗意注解，帮助学生理解《定风坡》……

通过这样一级又一级的"梯子"，教学难度降低了：学生慢慢地理解了诗意，感悟了梅格，同时，学生还认识了一个跟梅花一样的苏轼，知道了他的"怕"和"不怕"，他的"有起伏"直至"无风雨"的豁达心境。一层层地品析，一步步地接近，课堂的教学目标也就在不知不觉中完成了。

3. 课后阅读，走向深度

看着孩子们读诗读词时的摇头晃脑，那样认真；听着他们的侃侃而谈，那样兴奋；望着他们下课铃声响时不舍的样子，那样投入……庄老师已经完完全全地激发了学生了解苏轼的兴趣，他们有了更强烈的愿望想要了解一个更全面的苏轼。在课堂的最后，庄老师顺势推荐大家阅读苏轼的诗歌及相关著作，比如林语堂的《苏东坡传》，比如余秋雨的《苏东坡突围》。

我不禁感慨：学生有了课上兴趣的激发，才会有课下深度的阅读。我相信这节课仅仅只是一个引子、一个开端，给学生一把钥匙，去打开了解苏轼的大门。他们才能真正地从"走近苏轼"变为"走进苏轼"！

庄老师用这样精彩的课堂告诉我们：教师在进行教学设计时，要把学生看作最重要的教学资源，要真正地为学生设计教学，要做到心中有生、目中有人。教师要研究学生的能力水平和认知倾向，根据学生的已有经验，调动学生主动性，巧妙搭设"梯子"，让学生"顺藤摸瓜"，这样才能有效达成教学目标，提高教学效率。

三、教师：启蒙感悟生命牧者

生本课堂是探究与交流的课堂，要求学生在课堂上积极自主实践，既要独立学习和整合学科知识、对学习问题及任务独立探索；生本课堂要求教师不要轻易将问题和任务的结果告诉给学生，而是让学生经过讨论、实践、探索等方式与伙伴一起归纳、推理和总结得出。

启发思考，品读感悟，是这节课的主旋律。庄老师没有把自己的想法强加给学生，他以一种俯身的姿态，聆听学生内心深处最真实的声音。他在大量的语言材料中引导学生品读、思考、感悟，一步步地走进苏轼的内心。当学生的笔下倾泻而出："如果你躲在屋檐下，你哪儿也去不了，所以要勇敢地走出去""生活不仅有眼前的苟且，还有诗和远方""就算你被风雨吹打得遍体鳞伤，依然可以抬头挺胸。那时，你潇洒地回头看看，会有一串很长的脚印通向远方"……学生也就真的读懂了苏轼，成为他的知音了。

生本教育理念认为"一切为了学生，高度尊重学生，全面依靠学生"，"教"只是实现"学"的一种服务手段，学生的"学"才是教学的出发点和归宿，因而主张"先做后学""先学后教""以学定教"，最后实现"不教而教"的目标。

在这节语文课上，孩子们在庄老师的带领下进行了一次精神的洗礼，从字里行间感受到了一个真性情、有温度的苏轼。作为一个引路人，庄老师"介绍"苏轼给学生认识，在两者之间搭建平台，点燃阅读的激情。关于苏轼更多的内容，留待学生课下自己去阅读、自己去发现、自己去感悟。这样的课堂，教是为了"不教"。

庄老师作为抛砖引玉者、穿针引线人，他在课堂中的作用是提出学习的主题与需要解决的问题，维持必要的教学秩序，给予学生支持、鼓励，还有及时的、恰到好处的引导。这给我们的启示是，教师不应再是"纤夫"，拉动学生这只"逆水之舟"；而应是生命的"牧者"，为"羊群"的成长服务，带他们到水草丰盈之处，给他们提供广阔的天地，让他们自由地吃草，无拘无束。

作为语文教师，我常常思考：我要给学生呈现一节怎样的语文课？我想我在庄老师的这节课上找到了答案：平实的设计，生本的课堂，生命的牧者。在这样的课堂里，学生提升了语文能力，厚实了文化素养。

听见了吗，这是生命拔节生长的声音啊！

（深圳市坪山实验学校　刘富凌）

多纬度感悟《走近苏轼》

对于庄老师的课，我像学生一样的痴迷，虽然今天上午三节课，还是调开了两节连着听了庄老师的课，听庄老师的课不是负担而是享受，虽然两节课没了，没有休息，但是有了专业的收获，最重要的是鞭策。

从语文学科素养的角度：语文学科素养主要包括语言建构与发展、思维发展与提升、审美鉴赏与创造、文化的理解与传承。如何提升学生的素养，我觉得是量变才能引起质变。这个量应该就是指的阅读与表达，有了这个量的积累才能实现素养的提升，所有一切不以阅读积累为基础的变革，都很难实现素养的培养。庄老师依据自己的爱好整理出来的小课程，我觉得这应该不仅仅是他的爱好，更多的是他为学生未来考虑的基础上而生发的爱吧！由一首诗，背诵默写，是怎么都不会引起学生学习古诗词的爱好的，又怎么实现语文核心素养的培养呢？庄老师以时间为轴，以诗词来贯穿苏轼的人生，学生在学习的过程中，由原来的一首诗、一首词到实现了联结，了解苏轼这个立体的人——有诗、有词、有低谷时的恐惧、有豁然开朗时的潇洒……

从个人角度：我一直都很佩服庄老师，甚者是仰慕。为什么呢？我喜欢他的课型。因为我从内心里喜欢，而且自己也有着强烈的愿望与想法，但是我却只有想法，有短暂的行动，且大多是散乱的、没有结果的。听庄老师的课，会有实现小愿望的感觉。

作为一名教师，我的不足有哪些？在这个浮躁的年代，我失去了静下心来，踏踏实实读一本书的毅力，变成了快餐式阅读。快餐式阅读，给不了人深刻的思考，没有深刻的思考，文字还是文字，仅仅是字，不能生发出意，没有亲身的阅读，没有深刻的思考，没有领悟，怎么去引导学生呢？这就是庄老师的课之所以给人以有所获的感受的原因。他的课里面包含着他领悟或者说他的课是众多作品浓缩后的精华。他通过对学生的了解，又将这些精华慢慢渗透到孩子们、老师们的心里。

另外一个细节给我感触很深——为生着想，课件细节可见一斑。诗歌与诗意同框、诗歌与鉴赏词语左右同框、诗歌与对比诗歌同框，学生看得一目了然，有利于进一步思考。

最后，我特别喜欢庄老师的导语和点拨语，这些语言包含他对诗歌阅读的见地，他的点拨总会让回答问题的那个孩子有所提升。

从学生的角度（心理学的角度）：听完庄老师的课，会有种冲动，想去看看苏轼的其他作品，想了解不同时期的苏轼都有什么特点。这是为什么？这个疑惑在我听《东阳·童年·骆驼队》《祖父的园子》就一直存在着，我百思不得其解，到底为什么，我作为一个成年人也会有去阅读的冲动。今天这种感觉又似曾相识，我似有所顿悟。庄老师课程设计其实就是一种阅读方法的指导，如今天的《红梅》《定风波》，我可以理解为人物专题作品阅读，再细一点，以时间为轴，品味不同时期、同一作家的不同作品，体会"发乎情"，即作品流露出作者的情感。

孩子们学会了，我也学会了，学会一种方法，就有一种想要试试的感觉。这就是心理学的条件发射：看到诗歌——就知道我怎么去读更好玩（心里有预期的目标）——心情愉悦读诗歌——读出了自己的体会——自我成就感就有了——更想去读书了。

不喜欢读书的孩子，除却不认字，存在理解能力低下之外，很大的原因在不会读，一看到密密麻麻的字就头大，没有方法，不知该如何去读，字还是字，无聊，讨厌读书，一读书就头痛。这样的孩子，该多来听听庄老师的课！

（深圳中学坪山创新学校　姜京）

为师有为

有一天，一年级的一个孩子喊了我一声"老师"，我突然心里一震，我是"老师"，他就是"学生"。那么，这些讲台下的孩子，可以跟我学什么呢？今天，庄老师的课，给了我启发，让我知道，为师应当有为。

为师有为，其一在素养的培养。这节课，学生通过自主阅读、课前了解、课堂交流这三个环节，对苏轼从一无所知到略有所知，再到对苏轼这个人感兴趣，想进一步了解苏轼，学生从原本无知的状态走向求知的大门。我想，这正是我们语文教学最重要的目标。

为师有为，其二在灵动的点拨。课堂上有两处朗读的点拨令我印象深刻。第一处，学生读诗，庄老师指导："朗读要清亮"，"清亮"二字，言简意赅，清晰明确，学生一下子就知道该怎么读。看似简单的二字，却着实不简单；第二处，诗中"尚余孤瘦雪霜姿""诗老不知梅格在"是体现这首诗灵魂的语句，我们常说"以读促感"，朗读不仅能印证阅读成果，而且能促进阅读的感受。庄老师指导"尚余孤瘦雪霜姿"这句，指出"尚余"二字后要有点停顿，给点思考的空间。这不仅是朗读的指导，也是阅读方法的指导，让学生在读中思考。

为师有为，其三在有效的铺垫。今天庄老师《走近苏轼》这一节课中，两首诗都是代表作，都不简单。其中《红梅》更是晦涩难懂，尤其是对于六年级的孩子而言，就如一座巍峨的高山在面前，一下子会把人吓蒙。第一次看这首诗时，我是蒙的，没法一下子就抓住这首诗歌的重点，体会梅格。于是，本课的重点也是本课的难点，如何突破？坐在台下听讲的我百思不得其解。

教学时，庄老师出示了一组词语：玉洁冰清、不流世俗、孤标傲世、傲雪凌霜、凌寒独放、俏不争春、铮铮铁骨、疏影暗香、一枝独秀、冷艳清绝。庄老师告诉孩子们，在中文的视域里，这些词语都是形容梅格的，让学生带着这些词语回到诗中，觉得诗里哪些细节表现了红梅的品格，就把相关的词语作为批注写下来。比如"冰容"二字，我们可以联想到它冰清玉洁的品格。

这一步骤看似普通，却深藏大智慧，体现了一个老师的功底。我们前面说这首诗难度太大，于是庄老师给学生搭建了一个梯子，这些词语就是学生走向领悟梅格的阶梯。在这些词语的帮助下，学生能到文中寻找相关的词眼进行体会，感悟梅花玉洁冰清、不流世俗的品格。更重要的一点是，庄老师在这里教给学生一种方法，让学生知道当我们阅读中读不懂的时候，就要通过寻找关键词，从关键词突破的方式来进行阅读。这是教师教给学生的一个重要的阅读技能。熟知庄老师的人都知道，今天这节课，庄老师教给学生抓关键词的阅读方法，不过是他平时的常用方法罢了。学生在他一次又一次的熏陶和引导下，阅读的能力就慢慢得到提升，从而走向自主阅读、深度阅读。当然，这样的铺垫如何更开放一点、如何让孩子的思维空间更加开阔，也许需要我们在更多的探讨中去提升。这，也就是庄老师所说的，研讨课就是要暴露问题的真性情所在吧！

（深圳市坪山实验学校　郑云霞）